Le livre de recettes ultime pour les sn~~ carrés ~~

100 RECETTES SALÉES ET SUCRÉES POUR CHAQUE RASSEMBLEMENT

Louise Grout

© Droits d'auteur 2024
- Tous droits réservés.

Le livre suivant est reproduit ci-dessous dans le but de fournir des informations aussi précises et fiables que possible. Quoi qu'il en soit, l'achat de ce livre peut être considéré comme un consentement au fait que l'éditeur et l'auteur de ce livre ne sont en aucun cas des experts sur les sujets abordés et que toutes les recommandations ou suggestions qui y sont faites sont uniquement à des fins de divertissement. Des professionnels doivent être consultés si nécessaire avant d'entreprendre l'une des actions approuvées ici.

Cette déclaration est considérée comme juste et valide par l'American Bar Association et le Committee of Publishers Association et est juridiquement contraignante dans tous les États-Unis.

En outre, la transmission, la duplication ou la reproduction de l'une des œuvres suivantes, y compris des informations spécifiques, sera considérée comme un acte illégal, qu'il soit effectué par voie électronique ou sur papier. Cela s'étend à la création d'une copie secondaire ou tertiaire de l'œuvre ou d'une copie enregistrée et n'est autorisée qu'avec le consentement écrit exprès de l'éditeur. Tous droits supplémentaires réservés.

Les informations contenues dans les pages suivantes sont généralement considérées comme un compte rendu véridique et précis des faits et, en tant que telles, toute inattention, utilisation ou mauvaise utilisation des informations en question par le lecteur rendra les actions qui en résulteront uniquement de son ressort. Il n'existe aucun scénario dans lequel l'éditeur ou l'auteur original de cet ouvrage puisse être tenu responsable de toute difficulté ou de tout dommage qui pourrait leur arriver après avoir entrepris les informations décrites ici.

En outre, les informations contenues dans les pages suivantes sont fournies uniquement à titre informatif et doivent donc être considérées comme universelles. Comme il sied à leur nature, elles sont présentées sans garantie quant à leur validité prolongée ou leur qualité provisoire. Les marques commerciales mentionnées sont faites sans consentement écrit et ne peuvent en aucun cas être considérées comme une approbation de la part du titulaire de la marque.

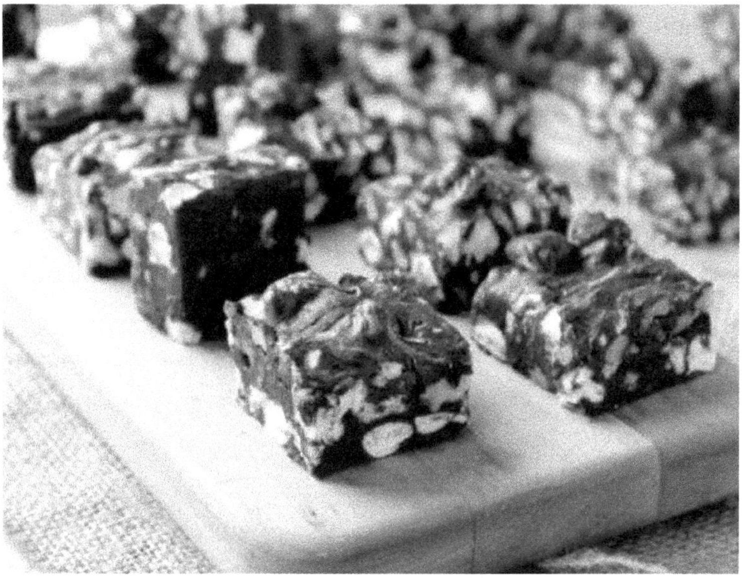

Sommaire

INTRODUCTION 8

BROWNIES ET FUDGE 9
A) Brownies chocolat noisettes 9
B) Brownies au chocolat 12
C) Brownies Rocky Road 14
D) Arachide et du fudge à la gelée 16
E) Fudge aux amandes sans cuisson 18
F) Barres protéinées au fudge et au velours rouge 20
G) Bouchées au fudge 22
A) Brownies glacés au moka 24
B) Blondies au beurre de noix de pécan et aux graines de chia 26
C) Brownies aux pommes 29
D) Brownies à l'écorce de menthe poivrée 30
E) Barres fondantes au beurre de cacahuète cétogène 32
F) Brownies aux courgettes préférés 35
G) Brownies au chocolat et au malt 37
H) Brownies au chocolat allemand 39
16. Fudge au thé vert Matcha 41
17. Brownies au pain d'épices 43
18. Brownies au chocolat et au miel 45
19. Brownies à la menthe 47
20. Brownies aux noix de pécan 49
21. Brownies à la menthe avec sauce au caramel 51
22. Brownies au chocolat et à la muscade 55
23. Brownie au beurre de cacahuète 58
24. Brownies à la citrouille 60

ÉCORCES, BRETZELS ET NOUGATINES 62

25. Écorce de Bouddha à la menthe poivrée 63

26. Écorce de chocolat aux noix de pécan confites...................66
a) Blondies au beurre de noix de pécan et aux graines de chia...............68
28. Mangue séchée trempée dans du chocolat.........................71
29. Bâtonnets de bretzel au chocolat blanc............................73
30. Nougatine trempée dans le chocolat..............................75

DESSERT TRUFFES ET BOULES...77

31. Boules de beurre de cacahuète..................................78
32. Truffes au piment ancho..80
33. Truffes au chocolat...82
34. Cerises enrobées de chocolat...................................84
35. Fudge napolitain..86
36. Boulettes de brocoli au fromage................................88
37. Cerises trempées dans du chocolat.............................90
38. Galettes à la menthe...92
39. Boules de guimauve à la noix de coco.........................94
40. Boules de beurre de cacahuète.................................96
41. Boules de neige..98

BOMBES GRASSES DE DESSERT..100

Bombes grasses napolitaines..101
Sucettes glacées à l'érable et au bacon...........................103
a) Bombes grasses à l'orange et à la noix de coco................106
a) Bombes au piment jalapeño......................................108
1. Pizzas grasses..110
2. Bombes de graisse au beurre de cacahuète....................112
Barres Fat Bomb à l'érable et aux pacanes........................114
Bombes au bacon et au fromage....................................116
Pops gras au bacon et caramel.....................................119
3. Barres de noix de cajou au caramel salé......................122
4. Caramels aux pistaches..125
5. Carrés au citron vert..127

6. Bouchées de granola au chocolat blanc..................................129
7. Carrés de caramel au bacon confit.......................................131
8. Barres de rêve au caramel et aux noix..................................134
9. Barres aux noix de pécan chroniques...................................136
16. Carrés de chia au beurre d'amande....................................138
16. Pépites de graines de chia..141
18. Barres protéinées au chocolat et aux noix............................144
19. Barres protéinées au chocolat allemand..............................146
20. Barres protéinées aux bleuets..148
21. Barres protéinées aux pépites de chocolat et au beurre de cacahuète 150
22. Barres protéinées crues à la citrouille et aux graines de chanvre..152
23. Barres protéinées croquantes au gingembre et à la vanille...........154
24. Barres de bretzel au beurre d'arachide................................156
25. Barres protéinées aux canneberges et aux amandes...................158
26. Barres protéinées au triple chocolat...................................160
27. Barres Framboise-Chocolat..163
28. Barres de pâte à biscuits au beurre d'arachide.......................164
29. Barres protéinées au muesli..166
30. Barres protéinées au gâteau aux carottes............................168
31. Barres à l'orange et aux baies de Goji................................171
32. Barre protéinée aux fraises mûres.....................................173
33. Barres protéinées au moka...175
34. Barres protéinées à la banane et au chocolat........................177
35. Barres crues célestes...179
36. Barres Monstres...181
37. Barres croustillantes aux bleuets......................................183
38. Barres de gomme...185
39. Barres roulées aux noix salées..187
40. Barres aux cerises de la Forêt-Noire..................................189
41. Barres de maïs soufflé aux canneberges.............................189
42. Barres Hello Dolly..192
43. Barres à la crème irlandaise...194
44. Barres tourbillonnantes à la banane..................................196

45. Barres de cheesecake à la citrouille..198
46. Barres de céréales...200
47. Carrés à l'avoine et à la citrouille à tout moment........................202
48. Barres à la citrouille et au velours rouge....................................205
49. Barres au citron enneigées...207
50. Barres faciles au caramel...209
51. Barre aux cerises et aux amandes...211
52. Barres croquantes au caramel..213
53. Barres de maïs soufflé cuites deux fois.....................................216
54. Barres de biscuits sans cuisson..218
55. Barres aux amandes et au citron..220
56. Barre de chocolat...224
57. Barres à l'avoine...226
58. Barres moelleuses aux noix de pécan..228

CONCLUSION..231

INTRODUCTION

Qu'est-ce qu'un brownie ? Le brownie est un dessert au chocolat carré ou rectangulaire cuit au four. Les brownies se présentent sous diverses formes et peuvent être fondants ou moelleux, selon leur densité. Ils peuvent contenir des noix, du glaçage, du fromage à la crème, des pépites de chocolat ou d'autres ingrédients.

Que sont les bombes de graisse ? Les bombes de graisse sont des friandises à faible teneur en glucides et sans sucre, généralement préparées avec de l'huile de coco, du beurre de coco, du fromage à la crème, de l'avocat et/ou du beurre de noix. À peu près tout ce qui est riche en graisses, sans sucre et à faible teneur en glucides peut être transformé en bombe de graisse.

Qu'est-ce qu'une boule de dessert ? En fait, il s'agit d'une confiserie riche et sucrée à base de sucre et souvent aromatisée ou associée à des fruits ou des noix. Quoi de mieux qu'un dessert décadent ? Un dessert en forme de boule !

À partir de maintenant, préparer à partir de zéro un lot de brownies, une bombe de graisse ou une boule de dessert sera aussi facile que de se tourner vers les produits en boîte, grâce à ces recettes.

Plongeons-nous dedans !

BROWNIES ET FUDGE

a) Brownies chocolat noisettes

Ingrédients:
- 1 tasse de poudre de cacao non sucrée
- 1 tasse de farine tout usage
- 1 cuillère à café de bicarbonate de soude
- ¼ c. à thé de sel
- 2 cuillères à soupe de beurre non salé
- 8 cuillères à soupe de beurre
- 1½ tasse de sucre brun foncé, bien tassé
- 4 gros œufs
- 2 c. à thé d'extrait de vanille
- ½ tasse de pépites de chocolat au lait
- ½ tasse de pépites de chocolat mi-sucré
- ½ tasse de noisettes grillées, hachées

a) Préchauffez le four à 171 °C (340 °F). Enduisez légèrement un moule à pâtisserie de 23 x 33 cm (9 x 13 po) d'un enduit à cuisson antiadhésif et réservez. Dans un bol moyen, mélangez la poudre de cacao non sucrée, la farine tout usage, le bicarbonate de soude et le sel. Réservez.

b) Dans un bain-marie à feu doux, faites fondre ensemble le beurre non salé et le beurre. Une fois fondu, retirez du feu et incorporez la cassonade foncée. Versez le mélange beurre-sucre dans le mélange de farine et remuez pour mélanger.

c) Dans un grand bol, battre les œufs et l'extrait de vanille au batteur électrique à vitesse moyenne pendant 1 minute. Ajouter lentement le mélange beurre-farine et mélanger pendant 1 minute de plus jusqu'à ce que le tout soit bien mélangé. Ajouter les pépites de chocolat au lait, les pépites de chocolat mi-sucré et les noisettes et battre pendant quelques secondes pour répartir rapidement le tout.

d) Transférer le mélange dans le moule préparé et cuire au four pendant 23 à 25 minutes ou jusqu'à ce que le dessus soit foncé et sec. Laisser refroidir complètement dans le moule avant de couper en 24 morceaux et de les transférer dans une assiette.

e) Conservation : Conserver hermétiquement emballé dans une pellicule plastique au réfrigérateur pendant 4 à 5 jours ou au congélateur pendant 4 à 5 mois.

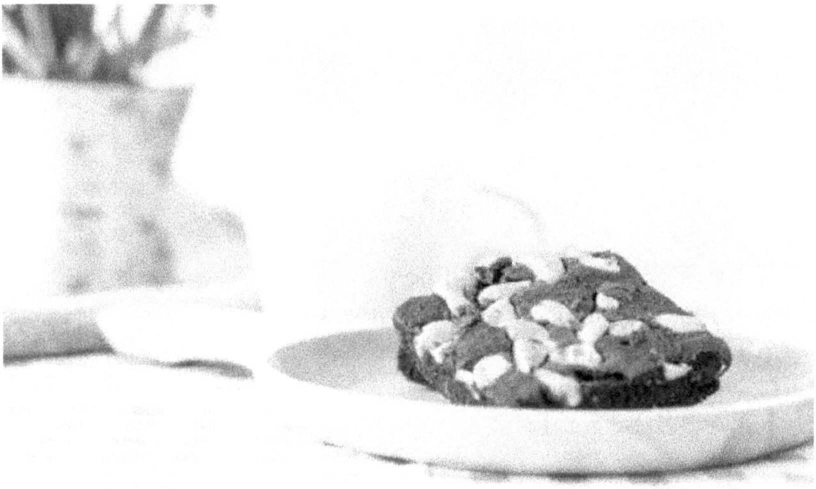

b) Brownies au chocolat

Ingrédients:
10. 1/4 tasse de beurre
11. 1/4 tasse de beurre normal
12. 2 oeufs
13. 1 cuillère à café d'extrait de vanille
14. 1/3 tasse de poudre de cacao non sucrée
15. 1/2 tasse de farine tout usage
16. 1/4 cuillère à café de sel
17. 1/4 cuillère à café de levure chimique

Pour le glaçage :
- 3 tables de beurre ramolli
- 1 cuillère à café de beurre ramolli
- 1 cuillère à soupe de miel
- 1 cuillère à café d'extrait de vanille
- 1 tasse de sucre des confiseurs

Instructions:
- Préchauffer le four à 330 degrés F.
- Graisser et fariner un moule carré de 8 pouces.
- Dans une grande casserole, à feu très doux, faites fondre 1/4 tasse de beurre et 1/4 tasse de beurre.
- Retirez du feu et incorporez le sucre, les œufs et 1 cuillère à café de vanille. Ajoutez 1/3 tasse de cacao, 1/2 tasse de farine, du sel et de la levure chimique. Étalez la pâte dans le moule préparé.
- Cuire au four préchauffé pendant 25 à 30 minutes. N'en faites pas trop.

Pour le glaçage :

Mélangez 3 cuillères à soupe de beurre ramolli et 1 cuillère à café de beurre ; ajoutez des cuillères à soupe de cacao, du miel, 1 cuillère à café d'extrait de vanille et 1 tasse de sucre infectieux. Remuez jusqu'à obtenir une consistance lisse .

c) Brownies Rocky Road

Rendement : 12 brownies

Ingrédients:
- 1/2 tasse de beurre infusé au cannabis
- 1/8 tasse de beurre
- 2 onces de chocolat non sucré
- 4 onces de chocolat mi-amer ou mi-sucré
- 3/4 tasse de farine tout usage
- 1/2 cuillère à café de sel
- 1 tasse de sucre granulé
- 2 gros œufs
- 1 cuillère à café d'extrait de vanille
- 3/4 tasse d'amandes tranchées grillées
- 1 tasse de guimauves miniatures

Instructions:
1. Préchauffez le four à 350 degrés F. Tapissez un moule à pâtisserie carré de 8 pouces de papier d'aluminium et graissez le papier d'aluminium avec du beurre ou de la graisse végétale.
2. Faites fondre le beurre de canne, le beurre et les chocolats à feu doux dans une casserole moyenne en remuant fréquemment. Laissez refroidir pendant 5 minutes.
3. Mélanger la farine et le sel et réserver.
4. Incorporez le sucre au beurre de canne fondu jusqu'à ce que le tout soit bien mélangé.
5. Battez les œufs et la vanille et continuez à mélanger jusqu'à ce que le tout soit bien incorporé.
6. Incorporer la farine et le sel jusqu'à ce qu'ils soient bien incorporés.
7. Réservez 1/2 tasse de pâte à brownie et étalez le reste dans le moule préparé.
8. Faites cuire la pâte dans le moule pendant environ 20 minutes. Pendant la cuisson, préparez la garniture en mélangeant la pâte réservée avec les amandes grillées et les guimauves
9. Une fois que la pâte dans le moule a cuit pendant 20 minutes, retirez-la du four.

10. Étalez la garniture sur les brownies précuits et remettez au four. Faites cuire pendant environ 10 minutes supplémentaires ou jusqu'à ce que les guimauves soient dorées et qu'un cure-dent inséré au centre en ressorte avec seulement quelques miettes humides accrochées à lui. Laissez refroidir dans le moule avant d'utiliser le papier d'aluminium pour soulever les brownies et les trancher.

d) Arachide et du fudge à la gelée

Ingrédients:
- Sirop d'érable, ¾ tasse
- Extrait de vanille, 1 cuillère à café
- Arachides, 1/3 tasse, hachées
- Beurre d'arachide, ¾ tasse
- Cerises séchées, 1/3 tasse, coupées en dés
- Poudre de protéines au chocolat, ½ tasse

Méthode:
- Hachez les cacahuètes et les cerises et réservez.
- Chauffer le sirop d'érable à feu doux puis verser le beurre de cacahuète dans un bol. Mélanger jusqu'à obtenir une consistance lisse.
- Ajoutez la vanille et la poudre de protéines et remuez bien pour mélanger.
- Ajoutez maintenant les cacahuètes et les cerises et mélangez doucement mais rapidement.
- Transférez la pâte dans un moule préparé et congelez-la jusqu'à ce qu'elle prenne.
- Coupez en barres dès que possible et dégustez.

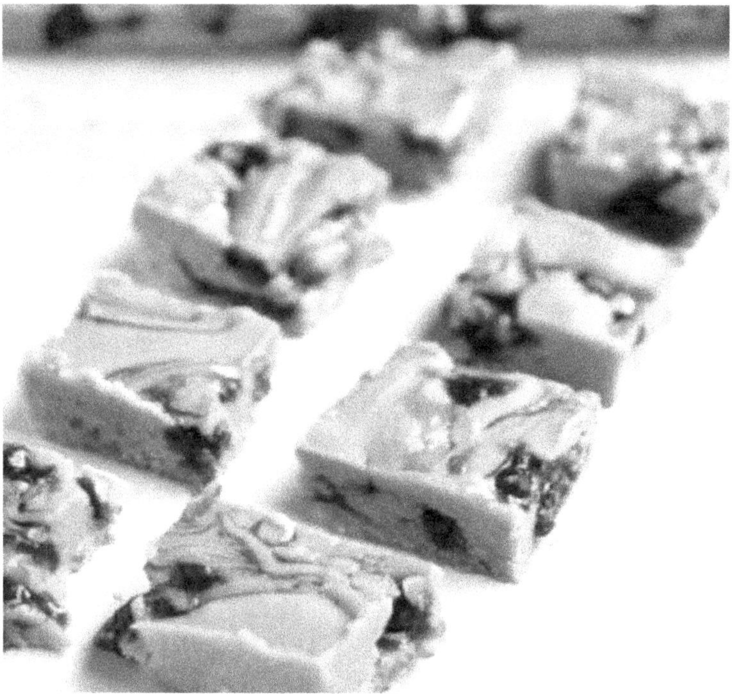

e) Fudge aux amandes sans cuisson

Ingrédients:

- Avoine, 1 tasse, moulue en farine
- Miel, ½ tasse
- Flocons d'avoine rapides, ½ tasse
- Beurre d'amandes, ½ tasse
- Extrait de vanille, 1 cuillère à café
- Poudre de protéines à la vanille, ½ tasse
- Pépites de chocolat, 3 cuillères à soupe Céréales de riz croustillantes, ½ tasse

Méthode:

- Vaporisez un moule à cake avec un enduit à cuisson et réservez. Mélangez les céréales de riz avec la farine d'avoine et les flocons d'avoine rapides. Réservez.
- Faites fondre le beurre d'amandes avec le miel dans une casserole puis ajoutez la vanille.
- Transférez ce mélange dans le bol des ingrédients secs et mélangez bien.
- Transférer dans le moule préparé et égaliser à l'aide d'une spatule.
- Réfrigérer pendant 30 minutes ou jusqu'à ce que le mélange soit ferme.
- Pendant ce temps, faites fondre le chocolat.
- Retirez le mélange de la poêle et versez dessus du chocolat fondu. Réfrigérez à nouveau jusqu'à ce que le chocolat prenne, puis coupez-le en barres de la taille souhaitée.

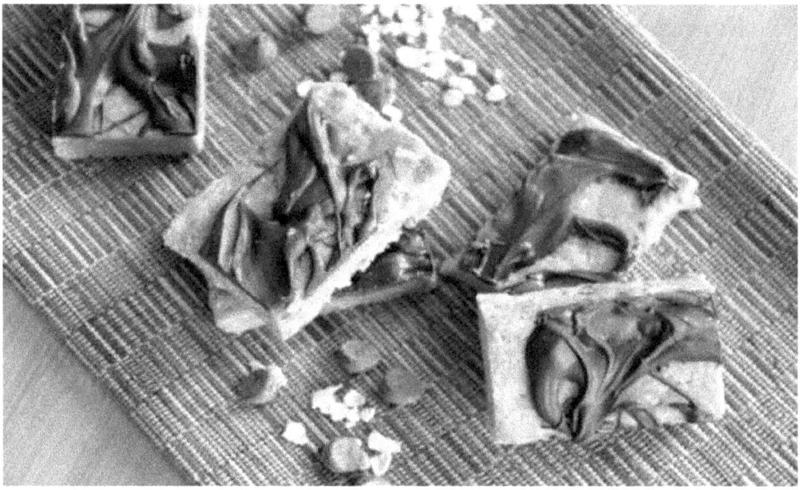

f) Barres protéinées au fudge et au velours rouge

Ingrédients:

a) Purée de betteraves rôties, 185 g
b) Pâte de gousse de vanille, 1 cuillère à café
c) Lait de soja non sucré, ½ tasse
d) Beurre de noix, 128 g
e) Sel rose de l'Himalaya, 1/8 cuillère à café
f) Extrait (beurre), 2 cuillères à café
g) Stevia crue, ¾ tasse
h) Farine d'avoine, 80 g
i) Poudre de protéines, 210 g

Méthode:

a) Faites fondre le beurre dans une casserole et ajoutez la farine d'avoine, la poudre de protéines, la purée de betteraves, la vanille, l'extrait, le sel et la stevia. Remuer jusqu'à ce que le tout soit bien mélangé.
b) Ajoutez maintenant le lait de soja et remuez jusqu'à ce qu'il soit bien incorporé.
c) Transférer le mélange dans une casserole et réfrigérer pendant 25 minutes.
d) Lorsque le mélange est ferme, coupez-le en 6 barres et dégustez.

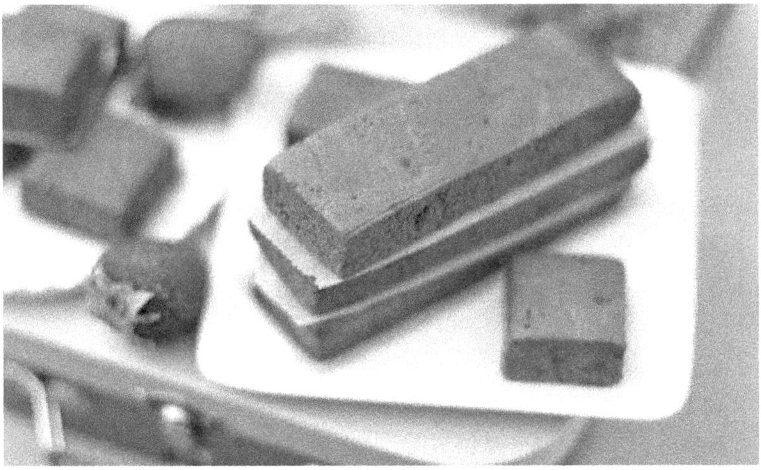

g) Bouchées au fudge

Portions : 6-8

Ingrédients:

- 1/2 tasse de beurre
- 1/2 tasse de beurre d'amande
- 1/8 à 1/4 tasse de miel
- 1/2 banane écrasée
- 1 c. à thé d'extrait de vanille
- tout type de beurre de noix
- 1/8 tasse de fruits secs
- 1/8 tasse de pépites de chocolat

Instructions:

a) Dans un mixeur ou un robot culinaire, ajoutez tous les ingrédients. Mixez pendant quelques minutes jusqu'à obtenir une consistance lisse. 2. Versez la pâte dans un moule à cake tapissé de papier sulfurisé.
b) Pour des morceaux plus gros, utilisez un moule à mini-pain ou doublez la recette. Réfrigérez ou congelez jusqu'à ce que le mélange soit ferme. Coupez en 8 carrés égaux.

c)

a) Brownies glacés au moka

- 1 tasse de sucre
- 1/2 tasse de beurre ramolli
- 1/3 c. de cacao à cuisson
- 1 c. à thé de grains de café instantané
- 2 œufs battus
- 1 c. à thé d'extrait de vanille
- 2/3 tasse de farine tout usage
- 1/2 c. à thé de levure chimique
- 1/4 c. à thé de sel
- 1/2 tasse de noix hachées

- Mélanger le sucre, le beurre, le cacao et les grains de café dans une casserole. Cuire à feu moyen en remuant jusqu'à ce que le beurre soit fondu. Retirer du feu et laisser refroidir pendant 5 minutes. Ajouter les œufs et la vanille et remuer jusqu'à ce que le tout soit bien mélangé.
- Incorporer la farine, la levure chimique et le sel, puis incorporer les noix. Étaler la pâte dans un moule à pâtisserie graissé de 9"x9". Cuire au four à 350 degrés pendant 25 minutes ou jusqu'à ce que le mélange soit pris.
- Laisser refroidir dans le moule sur une grille. Étaler le glaçage au moka sur les brownies refroidis et les couper en barres. Donne une douzaine.

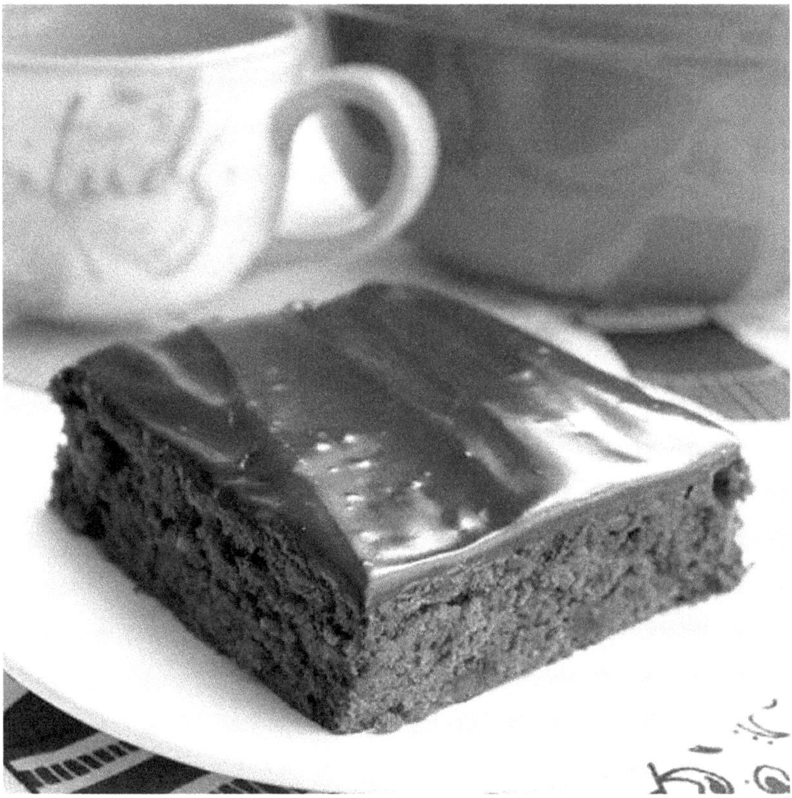

b) Blondies au beurre de noix de pécan et aux graines de chia

INGRÉDIENTS

- 2 1/4 tasses de pacanes, rôties
- 1/2 tasse de graines de chia
- 1/4 tasse de beurre fondu
- 1/4 tasse d'érythritol en poudre
- c. à soupe de SF Torani Salé

Caramel

a) gouttes de Stevia liquide
b) gros oeufs
c) 1 c. à thé de levure chimique
d) 3 c. à soupe de crème épaisse
e) 1 pincée de sel

INSTRUCTIONS

- Préchauffer le four à 350 °F. Mesurer 2 1/4 tasse de pacanes
- Broyez 1/2 tasse de graines de chia entières dans un moulin à épices jusqu'à ce qu'un repas se forme.
- Retirez la farine de chia et placez-la dans un bol. Ensuite, broyez 1/4 tasse d'érythritol dans un moulin à épices jusqu'à ce qu'il soit réduit en poudre. Placez-le dans le même bol que la farine de chia.
- Mettre 2/3 des pacanes grillées dans un robot culinaire.
- Traitez les noix en raclant les côtés si nécessaire, jusqu'à ce qu'un beurre de noix lisse se forme.
- Ajoutez 3 gros œufs, 10 gouttes de stevia liquide, 3 cuillères à soupe de sirop Torani au caramel salé et une pincée de sel au mélange de chia. Mélangez bien le tout.
- Ajoutez le beurre de noix de pécan à la pâte et mélangez à nouveau.

- À l'aide d'un rouleau à pâtisserie, écrasez le reste des noix de pécan grillées en morceaux à l'intérieur d'un sac en plastique.
- Ajoutez les pacanes concassées et 1/4 tasse de beurre fondu dans la pâte.
- Bien mélanger la pâte, puis ajouter 3 c. à soupe de crème épaisse et 1 c. à thé de levure chimique. Bien mélanger le tout.
- Mesurez la pâte dans un plateau de 9×9 et lissez-la.
- Cuire au four pendant 20 minutes ou jusqu'à la consistance désirée.
- Laissez refroidir pendant environ 10 minutes. Coupez les bords du brownie pour créer un carré uniforme. C'est ce que j'appelle « la friandise du boulanger » – oui, vous l'avez deviné !
- Grignotez ces mauvais garçons pendant que vous les préparez pour les servir à tout le monde. La soi-disant « meilleure partie » du brownie sont les bords, et c'est pourquoi vous méritez de tout avoir.
- Servez et mangez à votre guise (ou plutôt selon vos macros) !

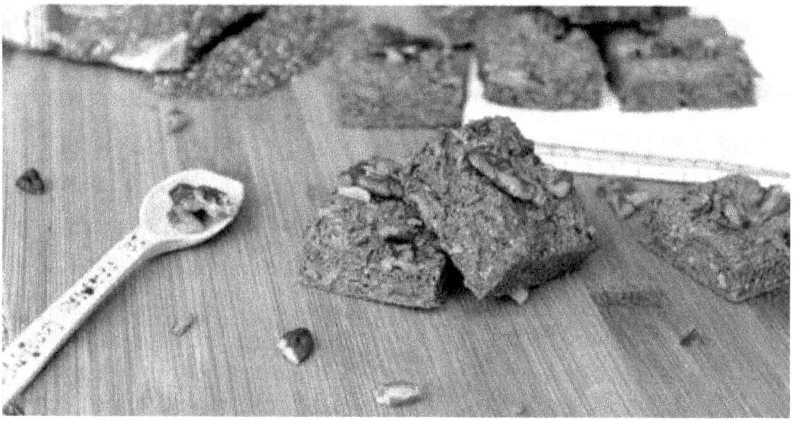

c) Brownies aux pommes

a) 1/2 tasse de beurre ramolli
b) 1 tasse de sucre
c) 1 c. à thé d'extrait de vanille
d) 1 œuf battu
e) 1-1/2 tasse de farine tout usage
f) 1/2 c. à café de bicarbonate de soude

- Préchauffer le four à 350 degrés F (175 degrés C). Graisser un plat de cuisson de 9 x 9 pouces.
- Dans un grand bol, battre ensemble le beurre fondu, le sucre et l'œuf jusqu'à obtenir une consistance mousseuse. Incorporer les pommes et les noix. Dans un autre bol, tamiser ensemble la farine, le sel, la levure chimique, le bicarbonate de soude et la cannelle.
- Incorporez le mélange de farine au mélange humide jusqu'à ce que le mélange soit homogène. Répartissez la pâte uniformément dans le plat de cuisson préparé.
- Cuire 35 minutes au four préchauffé ou jusqu'à ce qu'un cure-dent inséré au centre en ressorte propre.

d) Brownies à l'écorce de menthe poivrée

- Paquet de 20 oz de mélange pour brownies au fudge
- Paquet de 12 oz de pépites de chocolat blanc
- 2 c. à soupe de margarine
- 1-1/2 tasse de cannes de bonbon écrasées

1. Préparez et faites cuire le mélange à brownie selon les instructions sur l'emballage, en utilisant un moule à pâtisserie graissé de 13" x 9". Après la cuisson, laissez refroidir complètement dans le moule.
2. Dans une casserole à feu très doux, faire fondre les pépites de chocolat et la margarine en remuant constamment avec une spatule en caoutchouc. Étaler le mélange sur les brownies et saupoudrer de bonbons écrasés.
3. Laisser reposer environ 30 minutes avant de couper en carrés. Donne 2 douzaines.

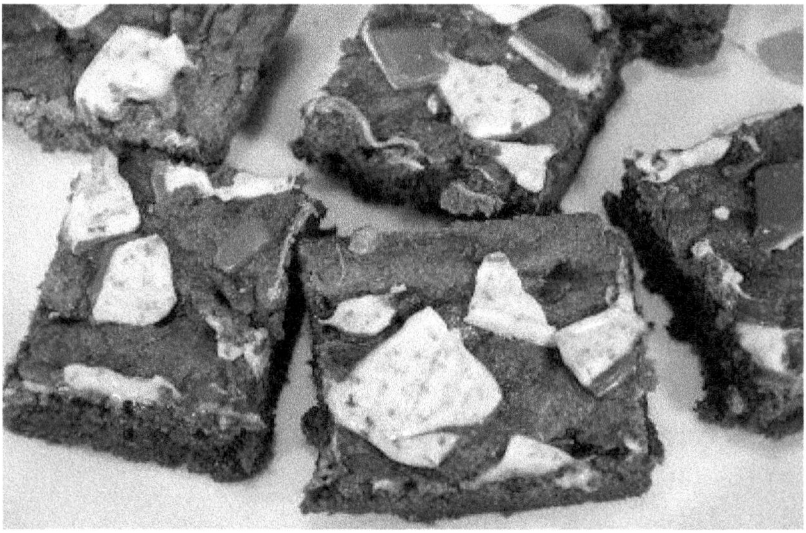

e) Barres fondantes au beurre de cacahuète cétogène

INGRÉDIENTS

La croûte
a) 1 tasse de farine d'amande
b) 1/4 tasse de beurre fondu
c) 1/2 c. à thé de cannelle
d) 1 c. à soupe d'érythritol
e) Pincée de sel

Le Fudge
a) 1/4 tasse de crème épaisse
b) 1/4 tasse de beurre fondu
c) 1/2 tasse de beurre d'arachide
d) 1/4 tasse d'érythritol
e) 1/2 c. à thé d'extrait de vanille
f) 1/8 c. à thé de gomme xanthane

Les garnitures
g) 1/3 tasse de chocolat Lily's, haché

INSTRUCTIONS

- Préchauffer le four à 400°F. Faire fondre 1/2 tasse de beurre. La moitié servira à la croûte et l'autre moitié au fudge. Mélanger la farine d'amande et la moitié du beurre fondu.
- Ajoutez l'érythritol et la cannelle, puis mélangez le tout. Si vous utilisez du beurre non salé, ajoutez une pincée de sel pour faire ressortir davantage de saveurs.
- Mélangez jusqu'à obtenir une consistance homogène et pressez le mélange au fond d'un plat à four recouvert de papier sulfurisé. Faites cuire la croûte pendant 10 minutes ou jusqu'à ce que les bords soient dorés. Sortez-la et laissez-la refroidir.
- Pour la garniture, mélangez tous les ingrédients du fudge dans un petit mixeur ou un robot culinaire et mixez. Vous pouvez également utiliser un batteur électrique à main et un bol.
- Assurez-vous de bien racler les bords et de bien mélanger tous les ingrédients.
- Une fois la croûte refroidie, étalez délicatement la couche de fudge jusqu'aux bords du plat de cuisson. Utilisez une spatule pour égaliser le dessus du mieux que vous pouvez.
- Juste avant de refroidir, garnissez vos barres de chocolat haché. Cela peut être sous forme de pépites de chocolat sans sucre, de chocolat noir sans sucre ou simplement de bon vieux chocolat noir. J'ai utilisé le chocolat sucré à la stévia de Lily.
- Réfrigérer toute la nuit ou congeler si vous le souhaitez rapidement.
- Une fois refroidies, retirez les barres en retirant le papier sulfurisé. Coupez 8 à 10 barres et servez ! Ces barres au beurre de cacahuète et au caramel doivent être dégustées bien fraîches ! Si vous les emportez, assurez-vous de les transporter dans un sac à lunch isotherme pour qu'elles restent fermes.

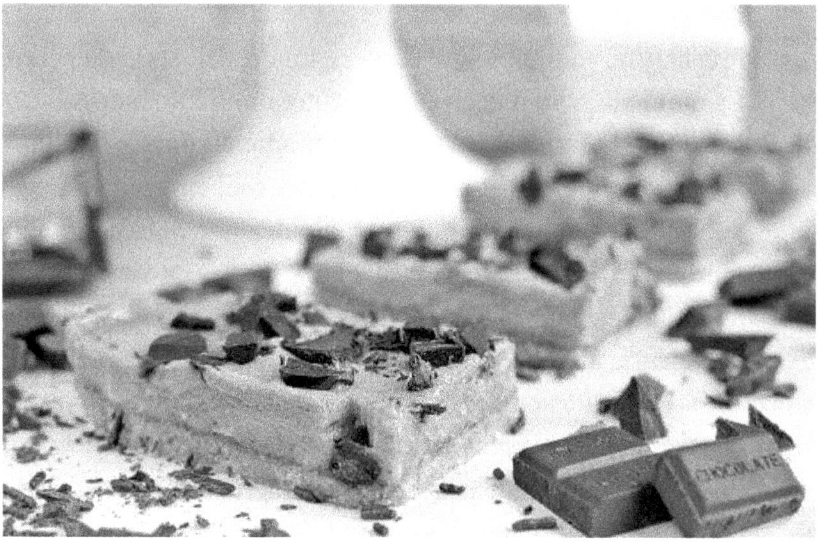
CHOCOLATE

f) Brownies aux courgettes préférés

h) 1/4 tasse de beurre fondu
i) 1 tasse de brownies au beurre d'arachide
j) 1 œuf battu
k) 1 c. à thé d'extrait de vanille
l) 1 c. de farine tout usage
m) 1 c. à thé de levure chimique
n) 1/2 c. à café de bicarbonate de soude
o) 1 c. à soupe d'eau
p) 1/2 c. à thé de sel
q) 2-1/2 c. à soupe de cacao à cuisson
r) 1/2 tasse de noix hachées
s) 3/4 tasse de courgettes, râpées
t) 1/2 tasse de pépites de chocolat mi-sucré

- Dans un grand bol, mélanger tous les ingrédients sauf les pépites de chocolat.
- Étaler la pâte dans un moule à pâtisserie graissé de 8"x8" ; saupoudrer la pâte de pépites de chocolat.
- Cuire au four à 350 degrés pendant 35 minutes. Laisser refroidir avant de couper en barres. Donne une douzaine.

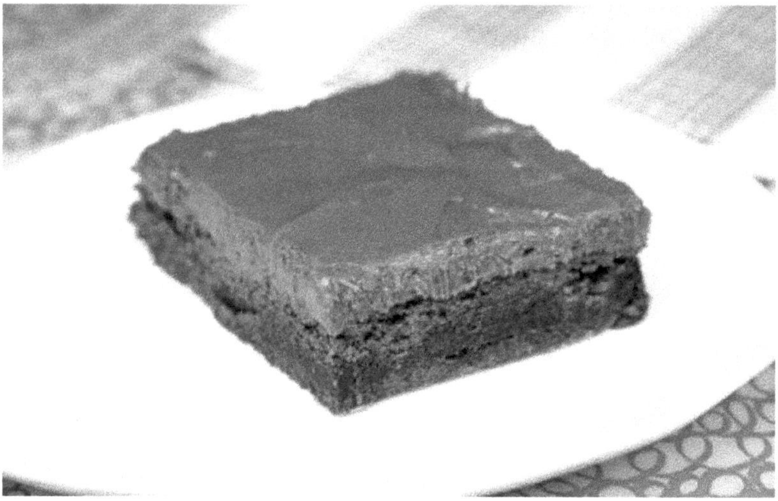

g) Brownies au chocolat et au malt

- Paquet de 12 oz de pépites de chocolat au lait
- 1/2 tasse de beurre ramolli
- 3/4 tasse de sucre
- 1 c. à thé d'extrait de vanille
- 3 œufs battus
- 1-3/4 c. de farine tout usage
- 1/2 tasse de poudre de lait malté
- 1/2 c. à thé de sel
- 1 c. à thé de boules de lait malté, hachées grossièrement

1. Dans une casserole, faites fondre les pépites de chocolat et le beurre à feu doux en remuant fréquemment. Retirez du feu et laissez refroidir légèrement.
2. Incorporer le reste des ingrédients, à l'exception des boules de lait malté, dans l'ordre indiqué.
3. Étalez la pâte dans un moule à pâtisserie graissé de 13" x 9". Saupoudrez de boules de lait malté et faites cuire au four à 350 degrés pendant 30 à 35 minutes. Laissez refroidir. Coupez en barres. Donne 2 douzaines.

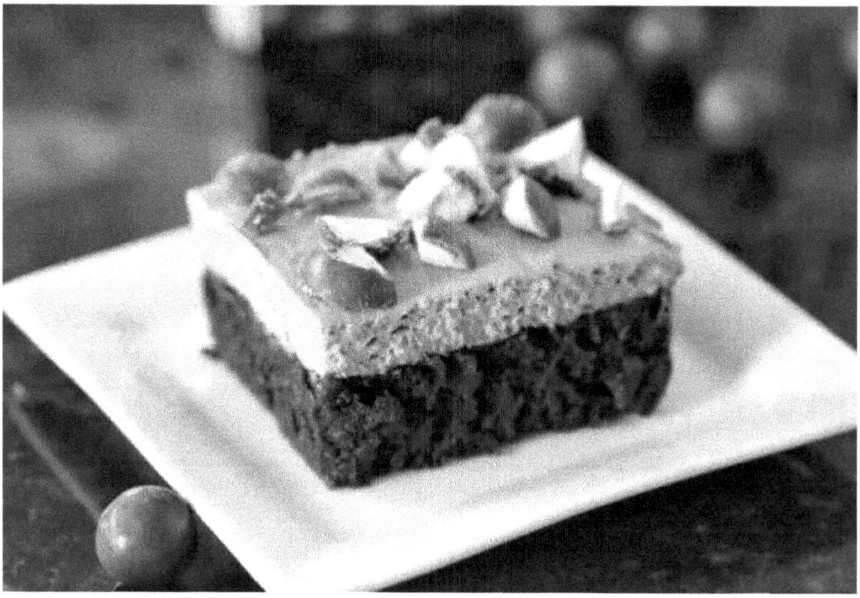

h) Brownies au chocolat allemand

- Paquet de 14 oz de caramels, non emballés
- 1/3 tasse de lait évaporé
- Paquet de 18-1/4 oz de mélange à gâteau au chocolat allemand
- 1 tasse de noix hachées
- 3/4 tasse de beurre fondu
- 1 à 2 tasses de pépites de chocolat mi-sucré

1. Faire fondre les caramels avec le lait évaporé au bain-marie. Dans un bol, mélanger le mélange à gâteau sec, les noix et le beurre; remuer jusqu'à ce que le mélange soit homogène. Presser la moitié de la pâte dans un moule à pâtisserie graissé et fariné de 13"x9".
2. Cuire au four à 350 degrés pendant 6 minutes. Retirer du four, saupoudrer de pépites de chocolat et arroser du mélange de caramel. Verser le reste de la pâte sur le dessus.
3. Cuire au four à 350 degrés pendant 15 à 18 minutes supplémentaires. Laisser refroidir et couper en barres. Donne 1-1/2 douzaine.

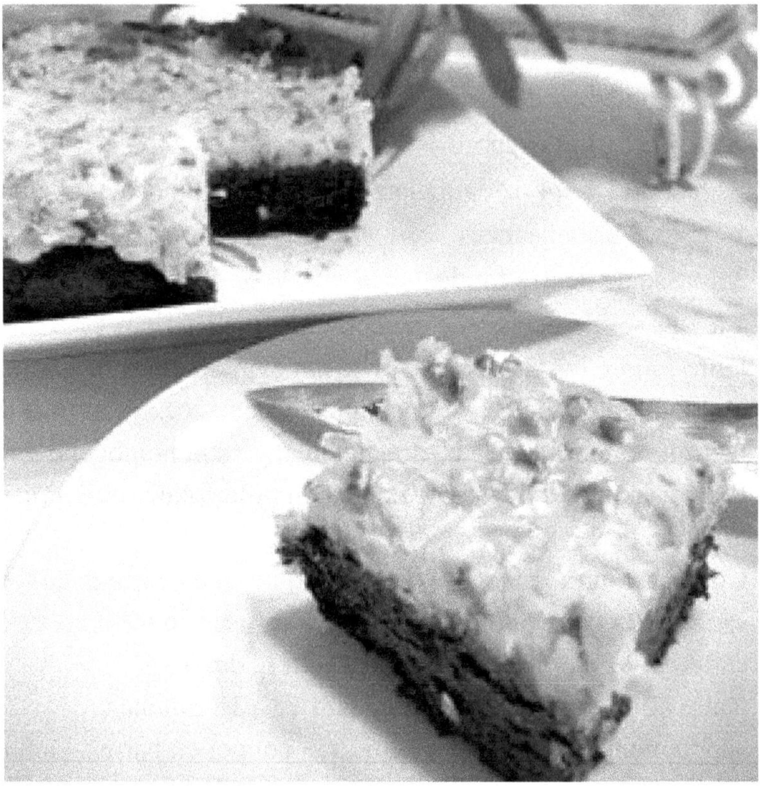

16. Fudge au thé vert Matcha

Ingrédients:

- Beurre d'amandes grillées, 85 g
- Farine d'avoine, 60 g
- Lait d'amande à la vanille non sucré, 1 tasse
- Poudre de protéines, 168 g
- Chocolat noir, 120 g. fondu
- Poudre de thé vert matcha, 4 cuillères à café
- Extrait de stévia, 1 cuillère à café
- Citron, 10 gouttes

Méthode:

1. Faites fondre le beurre dans une casserole et ajoutez la farine d'avoine, la poudre de thé, la poudre de protéines, les gouttes de citron et la stevia. Mélangez bien.
2. Versez maintenant le lait et remuez constamment jusqu'à ce que le tout soit bien mélangé.
3. Transférer le mélange dans un moule à cake et réfrigérer jusqu'à ce qu'il soit pris.
4. Versez du chocolat fondu sur le dessus et réfrigérez à nouveau jusqu'à ce que le chocolat soit ferme.
5. Coupez en 5 barres et savourez.

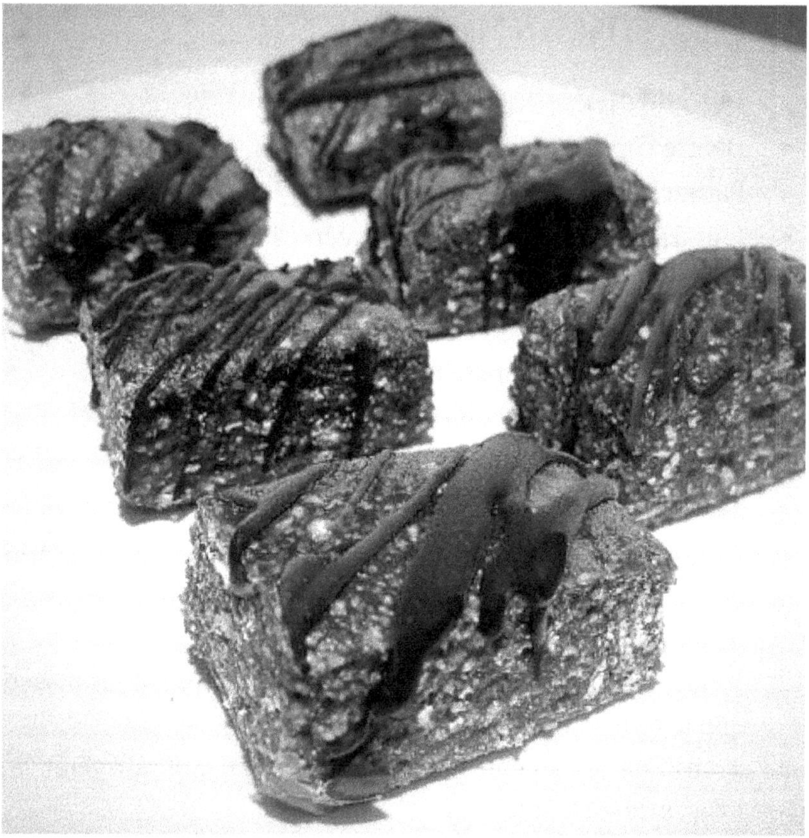

17. Brownies au pain d'épices

- 1-1/2 tasse de farine tout usage
- 1 tasse de sucre
- 1/2 c. à café de bicarbonate de soude
- 1/4 c. de cacao à cuisson
- 1 c. à thé de gingembre moulu
- 1 c. à thé de cannelle
- 1/2 c. à thé de clous de girofle moulus
- 1/4 tasse de beurre fondu et légèrement refroidi
- 1/3 tasse de mélasse
- 2 œufs battus
- Garniture : sucre glace

1. Dans un grand bol, mélanger la farine, le sucre, le bicarbonate de soude, le cacao et les épices. Dans un autre bol, mélanger le beurre, la mélasse et les œufs. Ajouter le mélange de beurre au mélange de farine, en remuant jusqu'à ce que le tout soit bien mélangé.
2. Étalez la pâte dans un moule à pâtisserie graissé de 13" x 9". Faites cuire au four à 350 degrés pendant 20 minutes, ou jusqu'à ce qu'un cure-dent soit propre lorsqu'il est inséré au centre.
3. Laisser refroidir dans le moule sur une grille. Saupoudrer de sucre glace. Couper en carrés. Donne 2 douzaines.

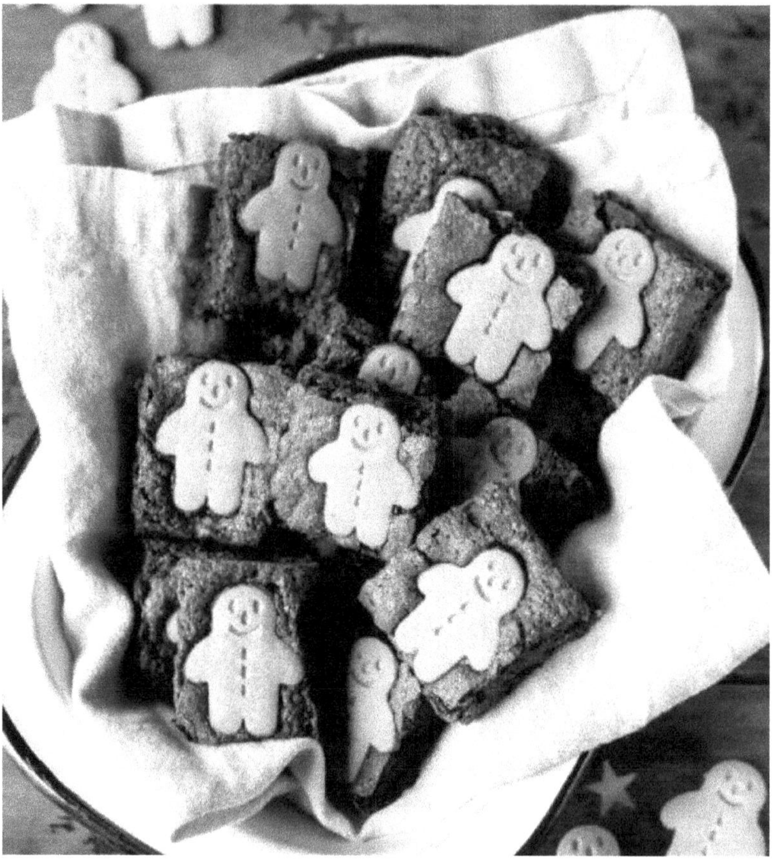

18. Brownies au chocolat et au miel

Ingrédients:

- 1 tasse de beurre fondu ou d'huile
- ½ tasse de chocolat fondu non sucré ou de poudre de cacao
- 4 oeufs
- 1 tasse de miel
- 2 cuillères à café de vanille
- 2 tasses de farine blanche non blanchie
- 2 cuillères à café de levure chimique
- ½ cuillère à café de sel de mer
- 1 tasse de raisins secs
- 1 tasse de noix hachées

Instructions:
- Préchauffer le four à 350 degrés F.
- Fouettez le beurre, le chocolat, le cacao et le miel jusqu'à obtenir une consistance lisse. Ajoutez les œufs et la vanille et mélangez bien.
- Ajoutez les ingrédients secs, remuez jusqu'à ce qu'ils soient humides. Ajoutez les raisins secs et les noix et mélangez bien.
- Versez la pâte dans un moule à pâtisserie graissé de 9 x 13 pouces. Faites cuire au four pendant 45 minutes ou jusqu'à ce que la pâte soit cuite.
- Couper en 24 morceaux doubles (environ 2 ‖ x 2 ‖), chaque portion contient 2 cuillères à café de beurre = dose élevée , ou

couper en 48 parts (environ 2 ∥ x 1 ∥) = dose moyenne .

19. Brownies à la menthe

Ingrédients:

- 1 tasse de beurre
- 6 onces de chocolat non sucré
- 2 tasses de sucre
- 1 cuillère à café de levure chimique
- 1½ cuillère à café de vanille
- ½ cuillère à café de sel
- 1½ tasse de farine
- 1 tasse de noix ou de pacanes, finement moulues
- 1 1/2 once de sachet de pépites de chocolat à la menthe Hershey's
- 4 oeufs

Instructions:

- Préchauffer le four.
- Dans une casserole de taille moyenne, faites fondre le beurre et le chocolat non sucré à feu doux en remuant constamment. Retirez du feu et laissez refroidir.
- Graisser un moule de 9×13 pouces et le mettre de côté. Incorporer le sucre au mélange de chocolat refroidi dans la casserole. Battre les œufs et les ajouter lentement au mélange de chocolat. Incorporer la vanille.
- Dans un bol, mélangez la farine, le bicarbonate de soude et le sel.
- Ajoutez le mélange de farine au mélange de chocolat jusqu'à ce que le tout soit bien mélangé. Incorporez les noix et les pépites de chocolat à la menthe. Étalez la pâte dans le moule préparé.
- Cuire au four pendant 30 minutes. Laisser refroidir sur une grille avant de ranger.

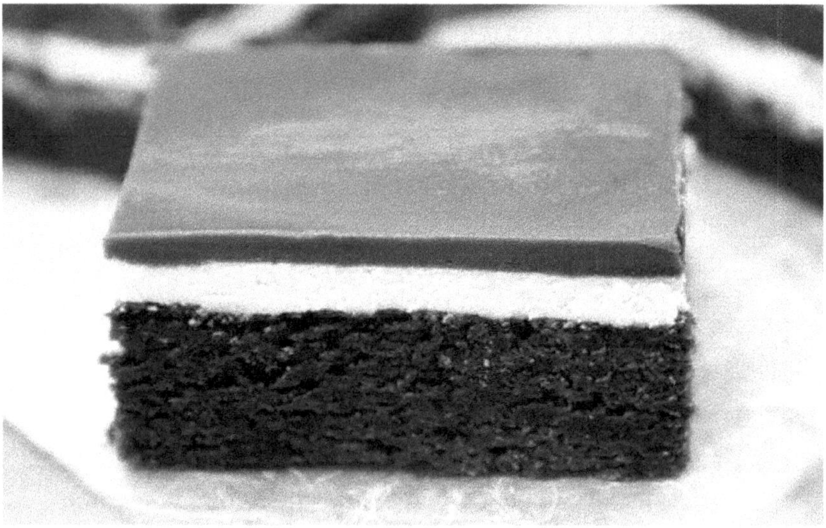

20. Brownies aux noix de pécan

Ingrédients:
a) 1 tasse de beurre
b) 2/3 tasse de chocolat
c) 1 cuillère à café d'extrait de vanille
d) Zeste d'orange (optional)
e) 5 blancs d'oeufs
f) 4 jaunes d'oeufs
g) 3/4 tasse de sucre
h) 1/3 tasse de farine
i) 1 cuillère à soupe de poudre de cacao
j) 1/2 tasse de noix de pécan concassées

Instructions:
- Préchauffer le four à 220 degrés F.
- Utilisez un bain-marie en plaçant un bol sur une casserole avec de l'eau à feu moyen-élevé.
- Ajoutez votre chocolat, votre beurre, votre extrait de vanille et votre zeste d'orange dans le bol vide et mélangez pour incorporer.
- Retirez le bol du feu et réservez. (Vous n'aurez plus besoin de chaleur à partir de ce moment-là.)
- Placez vos blancs d'œufs dans un bol séparé.
- Battez les blancs d'œufs jusqu'à obtenir des blancs fermes, à l'aide d'un batteur électrique ou d'un fouet ; réservez.
- Ajoutez vos jaunes d'œufs dans un autre bol séparé et ajoutez le sucre. Mélangez pour incorporer.
- Ajoutez votre mélange de chocolat au mélange de jaune d'œuf et incorporez lentement les deux à l'aide d'une spatule.
- Une fois incorporé, tamisez votre farine, votre poudre de cacao et ajoutez vos noix de pécan.
- Ajoutez maintenant vos blancs d'œufs moelleux au mélange et incorporez le tout à l'aide d'une spatule. Tapissez un plat à pâtisserie de papier sulfurisé et ajoutez-y votre mélange fini.
- Faites maintenant cuire au four pendant 60 minutes et vos brownies seront prêts.

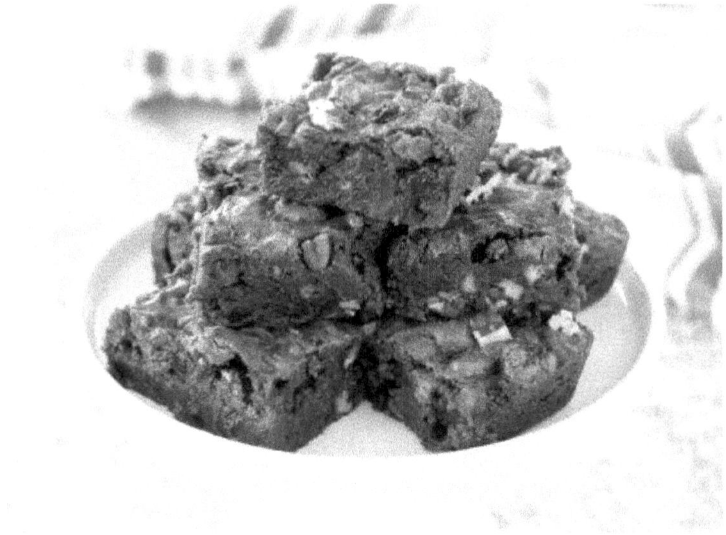

21. Brownies à la menthe avec sauce au caramel

INGRÉDIENTS
Brownies
a) 1 tasse (230 g) de beurre non salé
b) 2 onces de chocolat mi-sucré, haché grossièrement
c) 1 tasse et 1/2 (300 g) de sucre granulé
d) 1/2 tasse (100 g) de cassonade claire tassée
e) 2 gros œufs, à température ambiante
f) 2 cuillères à café d'extrait de vanille pure
g) 1/2 cuillère à café de sel
h) 1/2 tasse + 3 cuillères à soupe (85 g) de farine tout usage (cuillère et nivelée)
i) 1/4 tasse (21 g) de poudre de cacao naturelle non sucrée

Couche de glaçage à la menthe
- 1/2 tasse (115 g) de beurre non salé, ramolli à température ambiante
- 2 tasses (240 g) de sucre glace
- 2 cuillères à soupe (30 ml) de lait
- 1 cuillère à café et 1/4 d'extrait de menthe poivrée*
- facultatif : 1 goutte de colorant alimentaire vert liquide ou en gel

Couche de chocolat
- 1/2 tasse (115 g) de beurre non salé
- 1 tasse bombée (environ 200 g) de pépites de chocolat mi-sucré

Sauce au caramel salé

1. 7 cuillères à soupe de beurre
2. 9 cuillères à soupe de beurre non salé
3. 1 tasse de crème épaisse
4. 1 tasse de sucre brun foncé, bien tassé
5. ½ c. à thé de sel

Instructions

Pour les brownies :

1. Faites fondre le beurre et le chocolat haché dans une casserole moyenne à feu moyen, en remuant constamment, pendant environ 5 minutes. Ou faites fondre dans un bol moyen allant au micro-ondes par intervalles de 20 secondes, en remuant après chaque intervalle, au micro-ondes. Retirez du feu, versez dans un grand bol à mélanger et laissez refroidir légèrement pendant 10 minutes.
2. Réglez la grille du four au tiers inférieur et préchauffez le four à 350 °F (177 °C). Tapissez le fond et les côtés d'un moule à pâtisserie de 9 x 13 pouces* de papier d'aluminium ou de papier sulfurisé, en laissant un surplus de papier sur tous les côtés. Réservez.
3. Incorporez au fouet le sucre granulé et le sucre roux au mélange chocolat/beurre refroidi. Ajoutez les œufs, un à la fois, en fouettant jusqu'à ce que le mélange soit lisse après chaque ajout. Incorporez la vanille en fouettant. Incorporez délicatement le sel, la farine et la poudre de cacao. Versez la pâte dans le moule préparé et faites cuire au four pendant 35 à 36 minutes ou jusqu'à ce que les brownies commencent à se détacher des bords du moule.
4. Une fois complètement refroidi, sortez la feuille du moule en vous servant du bord qui dépasse. Placez le tout sur une plaque à pâtisserie pendant que vous préparez le glaçage. Ne coupez pas encore en carrés.

Pour la couche de glaçage à la menthe :

- Dans un bol moyen, à l'aide d'un batteur à main ou sur socle muni d'un fouet plat, battre le beurre à vitesse moyenne jusqu'à ce qu'il soit lisse et crémeux, environ 2 minutes. Ajouter le sucre glace et le lait. Battre pendant 2 minutes à basse vitesse, puis augmenter à vitesse élevée et battre pendant 1 minute supplémentaire. Ajouter l'extrait de menthe poivrée et le colorant alimentaire (si vous en utilisez) et battre à vitesse élevée pendant 1 minute complète. Goûter et ajouter une ou deux gouttes d'extrait de menthe poivrée supplémentaires si vous le souhaitez.

- Glacez les brownies refroidis que vous avez placés sur la plaque de cuisson et placez la plaque de cuisson au réfrigérateur. Cela permet au glaçage de « prendre » sur le dessus des brownies, ce qui facilite l'étalement de la couche de chocolat. Conservez au réfrigérateur pendant au moins 1 heure et jusqu'à 4 heures.

Pour la couche de chocolat :

a) Faites fondre le beurre et les pépites de chocolat dans une casserole moyenne à feu moyen, en remuant constamment, pendant environ 5 minutes. Ou faites fondre dans un bol moyen allant au micro-ondes par intervalles de 20 secondes, en remuant après chaque intervalle, au micro-ondes. Une fois fondu et lisse, versez sur la couche de menthe.

b) Étaler délicatement à l'aide d'un couteau ou d'une spatule coudée. Placer les brownies encore sur la plaque au réfrigérateur et laisser refroidir pendant 1 heure (et jusqu'à 4 heures ou même toute la nuit) pour figer le chocolat.

c) Une fois refroidis, sortez-les du réfrigérateur et coupez-les en carrés. Pour une coupe nette, faites des coupes très rapides, en utilisant un grand couteau très tranchant et en essuyant le couteau avec une serviette en papier entre chaque coupe. Les brownies se conservent à température ambiante pendant quelques heures. Couvrez hermétiquement et conservez les restes au réfrigérateur jusqu'à 5 jours.

Pour la sauce au caramel :

- Dans une casserole moyenne à feu moyen-doux, mélanger le beurre, le beurre non salé, la crème épaisse, la cassonade foncée et le sel. Porter à ébullition en remuant fréquemment.

- Laissez mijoter pendant 10 minutes jusqu'à ce que la sauce commence à réduire et à épaissir. Retirez du feu. Laissez la sauce refroidir légèrement avant de servir.

22. Brownies au chocolat et à la muscade

Ingrédients:

1. 1/4 livre de beurre
2. 1/4 livre de chocolat noir
3. 1 tasse de sucre blanc
4. 4 œufs ordinaires
5. 1/2 tasse de farine ordinaire
6. Noix de muscade
7. Cannelle
8. 2 cuillères à soupe de vanille

Instructions

- Préchauffez votre four à 350 degrés F.
- Faites fondre le beurre à feu doux, puis ajoutez le chocolat (en cubes c'est plus rapide) et faites-le fondre avec le beurre déjà fondu ; remuez régulièrement pour qu'il devienne du beurre au chocolat !
- Dès que le chocolat est entièrement fondu, ajoutez la cannelle, la muscade et le sucre blanc ; remuez et laissez mijoter quelques minutes.
- Ajoutez les œufs, un à la fois, en les battant pour que le jaune se casse. Continuez à remuer le mélange à feu doux jusqu'à ce qu'il soit complètement lisse.
- Ajoutez la farine et le cannabis finement moulu au mélange. Si vous aimez les noix, vous pouvez ajouter un quart de tasse de votre noix préférée si vous le souhaitez. Remuez bien ; si c'est difficile à remuer, ajoutez un petit peu de lait.
- Versez votre mélange dans un moule graissé de 9 x 13 pouces. Si vous n'en avez pas, un moule plus petit fera l'affaire - cela signifie simplement un brownie plus épais et peut-être un peu plus longtemps au four.
- Faites cuire votre mélange pendant 20 à 25 minutes, parfois un peu plus longtemps est nécessaire .

- Une fois qu'il ressemble à un brownie géant, coupez-le en 20 carrés environ. Le nombre de carrés n'a évidemment aucune importance.
- Posologie : Attendez une heure et voyez comment vous vous sentez. Ensuite, mangez-en plus si nécessaire ! Ces brownies ont un goût délicieux et il est difficile de résister à l'envie d'en manger, mais vous ne voulez pas en manger trop et devenir blancs !

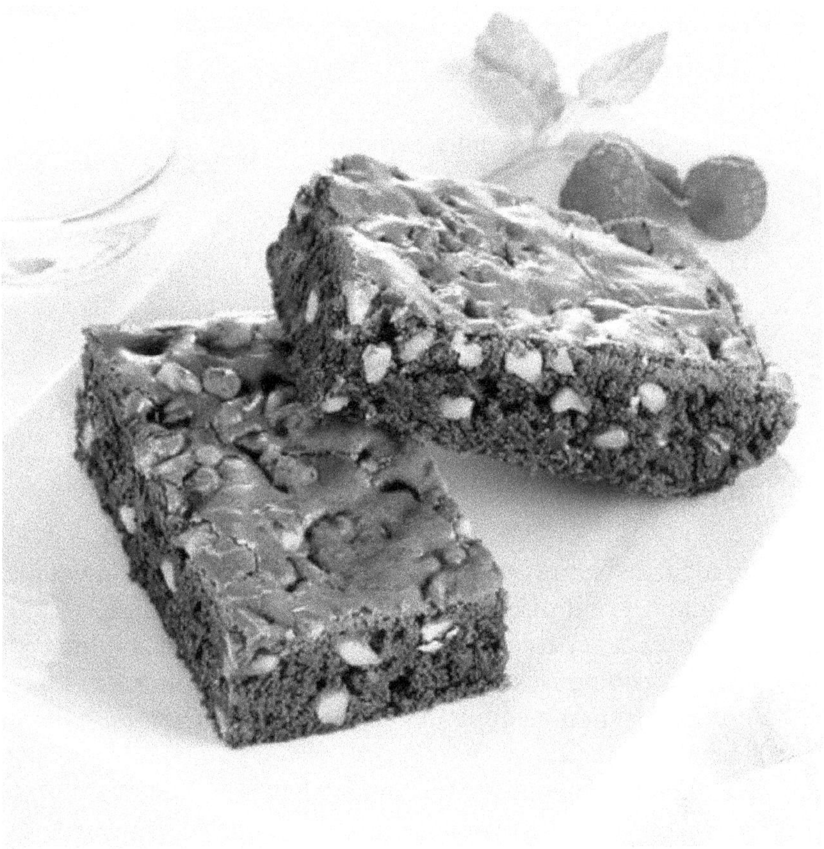

23. Brownie au beurre de cacahuète
Ingrédients:

- 2 tables de beurre de canna, ramolli
- 2 cuillères à soupe de sucre
- 1 1/2 cuillères à soupe de sucre brun
- 1 table de poudre de cacao
- 1 jaune d'oeuf
- 3 cuillères à soupe de farine
- Une pincée de sel
- Touche de vanille
- 1 table de beurre de cacahuète crémeux

Instructions:

1. Mélangez le beurre de canne, le sucre, la cassonade, la vanille et le jaune d'œuf jusqu'à obtenir une consistance lisse.
2. Incorporez le sel et la farine jusqu'à ce que le tout soit bien mélangé. Ajoutez les pépites de chocolat en dernier.
3. Versez dans un ramequin ou une tasse, puis parsemez le dessus de beurre de noix.
4. Remuez légèrement avec un couteau à beurre.
5. 5,75 secondes au micro-ondes jusqu'à ce que ce soit cuit.

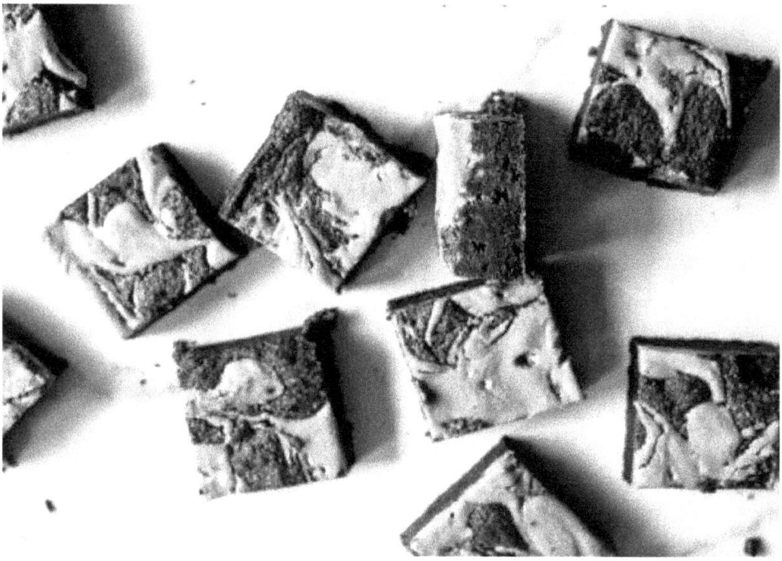

24. Brownies à la citrouille

Ingrédients:
1. 2/3 tasse de cassonade moulue
2. 1/2 tasse de citrouille en conserve
3. 1 œuf entier
4. 2 blancs d'oeufs
5. 1/4 tasse de beurre de canne
6. 1 tasse de farine tout usage
7. 1 cuillère à café de levure chimique
8. 1 cuillère à café de poudre de cacao non sucrée
9. 1/2 cuillère à café de cannelle moulue
10. 1/2 cuillère à café de piment de la Jamaïque moulu
11. 1/4 cuillère à café de sel
12. 1/4 cuillère à café de noix de muscade moulue
13. 1/3 tasse de morceaux de chocolat mi-sucré miniatures

Instructions:

- Préchauffer le four à 350 degrés F.
- Dans un grand bol, mélangez la cassonade, la citrouille, l'œuf entier, les blancs d'œufs et l'huile.
- Battre avec un batteur électrique à vitesse moyenne jusqu'à ce que le mélange soit homogène.
- Ajoutez la farine, la levure chimique, la poudre de cacao, la cannelle, le piment de la Jamaïque, le sel et la muscade.
- Battre à faible vitesse jusqu'à obtenir une consistance lisse. Incorporer les morceaux de chocolat mi-sucré.
- Vaporisez un moule à pâtisserie de 11 × 7 pouces avec un revêtement antiadhésif.
- Versez la pâte dans le moule. Répartissez-la uniformément.
- Cuire au four 15 à 20 minutes ou jusqu'à ce qu'un cure-dent inséré près du centre en ressorte propre.

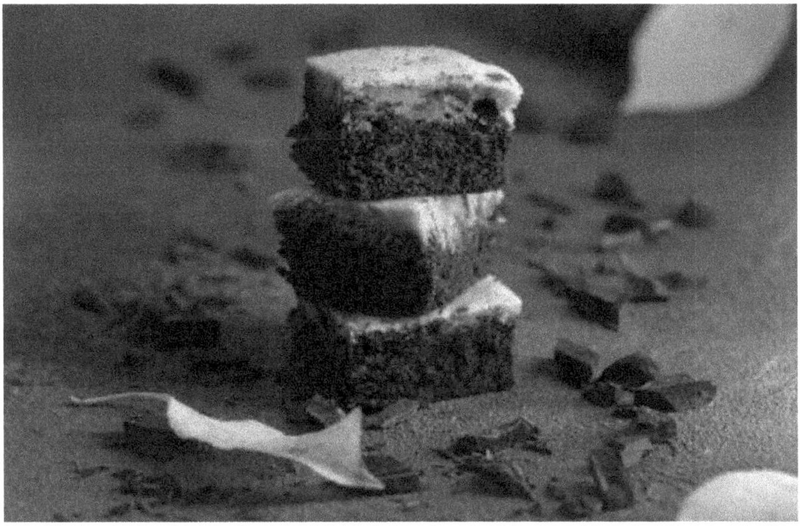

ÉCORCES, BRETZELS ET NOUGATINES

25. Écorce de Bouddha à la menthe poivrée

Ingrédients:

1. 12 onces de chocolat blanc
2. 6 onces de chocolat mi-sucré
3. 4 tables d'huile de coco
4. ½ cuillère à café d'extrait de menthe poivrée
5. 3 cannes à sucre (écrasées)

Instructions

- Tapissez un moule à pâtisserie de 9 × 9 pouces de papier sulfurisé ou de papier d'aluminium, en veillant à envelopper les côtés du moule avec le papier d'aluminium et à lisser les plis au fur et à mesure. Cette étape garantira un nettoyage rapide et permettra également à l'écorce de menthe poivrée de tomber facilement de la casserole lorsque viendra le temps de la casser en morceaux individuels.
- Faites fondre ensemble les pépites de chocolat mi-sucré et les pépites de chocolat blanc. Pour ce faire, créez un bain-marie en utilisant un bol résistant à la chaleur et une casserole remplie d'eau. Choisissez un bol qui s'adapte parfaitement au dessus de la casserole (n'utilisez pas de bol qui repose de manière précaire sur le dessus de la casserole). Vous devez également vous assurer que le fond du bol ne touche pas l'eau, sinon vous risquez de brûler le chocolat.
- En passant, cette recette utilise 3 couches de chocolat pour l'écorce (blanc, mi-sucré, blanc). N'hésitez pas à changer les quantités de chocolat et à inverser la superposition (mi-sucré, blanc, mi-sucré) si vous le souhaitez !
- Portez l'eau de la casserole à ébullition et placez le bol résistant à la chaleur contenant vos pépites de chocolat blanc sur la casserole.
- Faites fondre les pépites de chocolat blanc jusqu'à ce qu'elles soient lisses
- Ajoutez 4 cuillères à soupe d'huile de noix de coco infusée au cannabis et ½ cuillère à café d'extrait de menthe poivrée.

- Remuez jusqu'à ce que les deux huiles soient complètement dissoutes dans le chocolat blanc. En plus de soigner le plat, l'huile de noix de coco créera également une belle brillance dans l'écorce et lui permettra d'avoir un bon « claquement » lorsqu'elle se brisera . r i écès .
- Une fois que le chocolat blanc fondu est à nouveau lisse, versez-en la moitié dans le moule préparé. Inclinez le moule après avoir versé la moitié du chocolat blanc fondu pour assurer un enrobage/une première couche uniforme.
- Placez le moule au réfrigérateur et laissez la première couche de chocolat durcir complètement, environ 30 minutes.
- Pendant que votre première couche d'écorce prend, répétez les étapes ci-dessus afin de préparer un deuxième bain-marie pour vos pépites de chocolat mi-sucré.
- Une fois que vos pépites de chocolat mi-sucré sont complètement fondues, retirez le bol du bain-marie.
- Prenez la casserole contenant la première couche de chocolat blanc du réfrigérateur et versez le bol entier de pépites de chocolat mi-sucré fondu sur la première couche. Il est extrêmement important que la couche initiale de chocolat blanc soit complètement durcie, car l'introduction de la deuxième couche provoquera leur mélange si ce n'est pas le cas.
- Répartissez uniformément la deuxième couche de pépites de chocolat mi-sucré dans le moule à l'aide d'une spatule ou d'un couteau de boulanger.
- Remettez la plaque au réfrigérateur pendant que vous attendez que la deuxième couche de chocolat prenne, encore une fois environ 30 minutes.
- Lorsque la deuxième couche de chocolat a pris, ajoutez la troisième et dernière couche de chocolat blanc sur la couche mi-sucrée. Étalez cette troisième couche uniformément à l'aide d'une spatule.
- Placez les bonbons dans un sac Ziploc et écrasez-les en petits morceaux à l'aide du dos d'une louche ou d'un rouleau à pâtisserie.
- Saupoudrez les cannes de bonbon écrasées sur la troisième et dernière couche de chocolat blanc recouvrant toute la surface,

puis remettez la boîte au réfrigérateur jusqu'à ce que l'écorce soit complètement durcie (30 minutes à 1 heure).
- Lorsqu'elle est prête à être consommée, retirez l'écorce du réfrigérateur et tirez-la sur les côtés de la feuille d'aluminium - l'écorce doit se soulever immédiatement hors de la casserole !
- Cassez l'écorce en morceaux individuels et emballez-les pour les offrir en cadeau ou servez-les immédiatement à vos invités !

26. Écorce de chocolat aux noix de pécan confites

Ingrédients:
a) 2 cuillères à soupe de beurre
b) 1 tasse de moitiés de noix de pécan
c) 2 cuillères à soupe de sucre brun clair ou foncé, bien tassé
d) 2 tasses de pépites de chocolat noir
e) 2 cuillères à soupe de gingembre confit

Instructions
a) Dans une petite casserole à feu doux, faites chauffer le beurre pendant 2 à 3 minutes ou jusqu'à ce qu'il soit complètement fondu. Ajoutez les moitiés de noix de pécan et remuez pendant 3 à 5 minutes jusqu'à ce qu'elles soient parfumées et noisetées. Incorporez la cassonade légère en remuant constamment pendant environ 1 minute ou jusqu'à ce que les noix de pécan soient enrobées uniformément et commencent à caraméliser. Retirez du feu.
b) Étalez les pacanes caramélisées sur du papier sulfurisé et laissez refroidir. Hachez grossièrement les pacanes et réservez.
c) Au bain-marie à feu moyen, remuer les pépites de chocolat noir pendant 5 à 7 minutes ou jusqu'à ce qu'elles soient complètement fondues.
d) Sur une plaque à pâtisserie recouverte de papier sulfurisé, étalez le chocolat fondu.
e) Saupoudrer uniformément les pacanes caramélisées et le gingembre confit. Réserver pendant 1 à 2 heures ou jusqu'à ce que le chocolat ait pris. Couper ou casser l'écorce en 6 morceaux égaux.
f) Conservation : Conserver couvert dans un récipient hermétique au réfrigérateur jusqu'à 6 semaines ou au congélateur jusqu'à 6 mois.

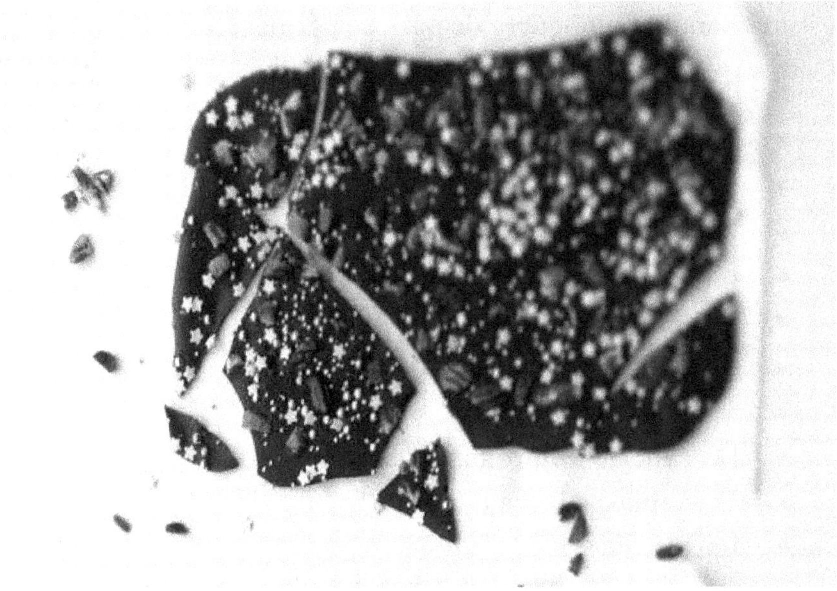

a) Blondies au beurre de noix de pécan et aux graines de chia

INGRÉDIENTS

- 2 1/4 tasses de pacanes, rôties
- 1/2 tasse de graines de chia
- 1/4 tasse de beurre fondu
- 1/4 tasse d'érythritol en poudre
- 3 c. à soupe de caramel salé Torani SF
- gouttes de Stevia liquide
- 3 gros œufs
- 1 c. à thé de levure chimique
- 3 c. à soupe de crème épaisse
- 1 pincée de sel

INSTRUCTIONS

a) Préchauffer le four à 180 °C. Mesurer 2 1/4 tasses de pacanes et cuire au four pendant environ 10 minutes. Une fois que vous sentez un arôme de noix, retirez les noix
b) Broyez 1/2 tasse de graines de chia entières dans un moulin à épices jusqu'à ce qu'un repas se forme.
c) Retirez la farine de chia et placez-la dans un bol. Ensuite, broyez 1/4 tasse d'érythritol dans un moulin à épices jusqu'à ce qu'il soit réduit en poudre. Placez-le dans le même bol que la farine de chia.
d) Mettre 2/3 des pacanes grillées dans un robot culinaire.
e) Traitez les noix en raclant les côtés si nécessaire, jusqu'à ce qu'un beurre de noix lisse se forme.
f) Ajoutez 3 gros œufs, 10 gouttes de stevia liquide, 3 cuillères à soupe de sirop Torani au caramel salé et une pincée de sel au mélange de chia. Mélangez bien le tout.
g) Ajoutez le beurre de noix de pécan à la pâte et mélangez à nouveau.

h) À l'aide d'un rouleau à pâtisserie, écrasez le reste des noix de pécan grillées en morceaux à l'intérieur d'un sac en plastique.
i) Ajoutez les pacanes concassées et 1/4 tasse de beurre fondu dans la pâte.
j) Bien mélanger la pâte, puis ajouter 3 c. à soupe de crème épaisse et 1 c. à thé de levure chimique. Bien mélanger le tout.
k) Mesurez la pâte dans un plateau de 9×9 et lissez-la.
l) Cuire au four pendant 20 minutes ou jusqu'à la consistance désirée.
m) Laissez refroidir pendant environ 10 minutes. Coupez les bords du brownie pour créer un carré uniforme. C'est ce que j'appelle « la friandise du boulanger » – oui, vous l'avez deviné !
n) Grignotez ces mauvais garçons pendant que vous les préparez pour les servir à tout le monde. La soi-disant « meilleure partie » du brownie sont les bords, et c'est pourquoi vous méritez de tout avoir.
o) Servez et mangez à votre guise (ou plutôt selon vos macros) !

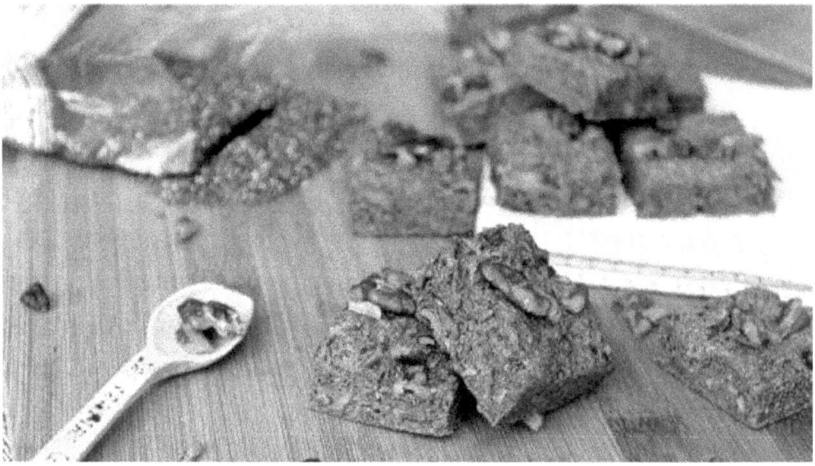

28. Mangue séchée trempée dans du chocolat

Ingrédients:
a) 1 tasse de pépites de chocolat noir
b) 2 cuillères à soupe d'huile de coco
c) 12 gros morceaux de mangue séchée non sucrée
d) 6 cuillères à soupe de noix de coco râpée (facultatif)

Instructions
- Recouvrir une plaque à pâtisserie de papier sulfurisé et réserver. Dans un bain-marie à feu moyen, mélanger les pépites de chocolat noir et l'huile de coco.
- Remuer pendant 5 à 7 minutes ou jusqu'à ce que le chocolat soit complètement fondu et bien mélangé à l'huile de coco. Retirer du feu.
- À l'aide d'une fourchette ou de vos mains, trempez chaque morceau de mangue dans le chocolat fondu et laissez l'excédent s'égoutter dans le bol. Placez les morceaux de mangue trempés sur la plaque de cuisson préparée.
- Saupoudrer de la noix de coco râpée (si vous en utilisez) sur les morceaux de mangue trempés. Réfrigérer pendant 30 minutes ou jusqu'à ce que le chocolat soit pris.
- Conservation : Conserver couvert dans un récipient hermétique au réfrigérateur jusqu'à 6 semaines ou au congélateur jusqu'à 6 mois.

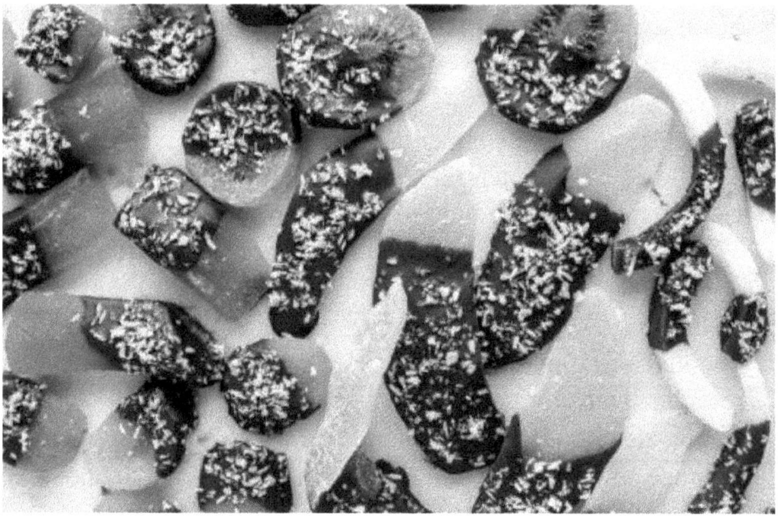

29. Bâtonnets de bretzel au chocolat blanc

Ingrédients:
- ¼ tasse de pépites de caramel
- 1 tasse de chocolat blanc fondant
- 2 cuillères à soupe de beurre
- 6 bâtonnets de bretzel

Instructions

- Recouvrez une plaque à pâtisserie de papier sulfurisé et réservez. Versez les pépites de caramel sur une assiette creuse près de la plaque à pâtisserie.
- Dans un bain-marie à feu moyen, mélanger le chocolat blanc fondu et le beurre, en remuant de temps en temps, pendant 5 à 7 minutes jusqu'à ce que le chocolat blanc soit complètement fondu.
- Trempez les ¾ de chaque bâtonnet de bretzel dans du chocolat blanc fondu, en laissant l'excédent de chocolat s'égoutter dans le pot.
- Roulez chaque bâtonnet de bretzel dans les pépites de caramel et placez-le sur la plaque à pâtisserie préparée. Laissez reposer pendant au moins 30 minutes.

- Conservation : Conserver dans un récipient hermétique au réfrigérateur jusqu'à 1 mois.

30. Nougatine trempée dans le chocolat

Ingrédients:
a) ¾ tasse de sucre granulé
b) ⅓ tasse de sirop de maïs léger
c) ¼ tasse de pistaches hachées
d) ¾ tasse d'amandes effilées
e) 2 cuillères à soupe de beurre
f) 1 tasse de pépites de chocolat noir

Instructions

a) Tapisser une plaque à pâtisserie de papier sulfurisé et réserver. Dans une casserole moyenne à feu moyen, mélanger le sucre et le sirop de maïs léger pendant 5 à 7 minutes jusqu'à ce que le mélange soit fondu et commence à caraméliser.
b) Incorporez les pistaches, les amandes et le beurre, puis remuez pendant 2 à 3 minutes pour griller légèrement les amandes. (Ne pas faire bouillir.)
c) Transférer le mélange de nougatine sur la plaque de cuisson préparée et recouvrir d'une feuille supplémentaire de papier sulfurisé. Étaler uniformément avec un rouleau à pâtisserie jusqu'à obtenir une épaisseur d'environ 1,25 cm. Couper en 12 morceaux.
d) Au bain-marie à feu moyen, chauffer les pépites de chocolat noir pendant 5 à 7 minutes ou jusqu'à ce qu'elles soient fondues.
e) Trempez les morceaux de nougatine dans le chocolat fondu, en recouvrant seulement la moitié de la nougatine, puis remettez-les sur la plaque recouverte de papier sulfurisé. Laissez le chocolat prendre pendant au moins 1 heure.
f) Conservation : Conserver dans un récipient hermétique jusqu'à 1 semaine.

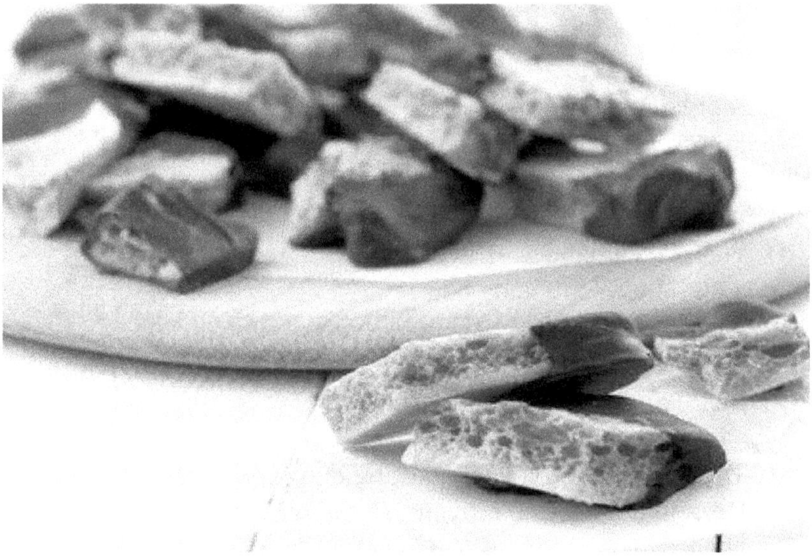

DESSERT TRUFFES ET BOULES

31. Boules de beurre de cacahuète

Articles nécessaires :

- Bol à mélanger
- Chaudière double
- Plateau
- Papier ciré
- Cure-dents

Ingrédients:

- 1 1/2 tasse de beurre de noix de pécan
- 1 tasse de beurre de cannabis (durci)
- 4 tasses de sucre des confiseurs
- 1 1/3 tasse de chapelure de biscuits Graham
- 2 tasses de pépites de chocolat mi-sucré
- 1 cuillère à soupe de shortening

Directions:

a) Mettez le beurre de cacahuète et le beurre de canna dans un grand bol à mélanger. Mélangez lentement le sucre granulé en veillant à ce qu'il ne soit pas salissant. Ajoutez les miettes de biscuits Graham et mélangez jusqu'à ce que la consistance soit suffisamment lisse pour former des boules.
b) Fabriquez des boules d'un pouce de diamètre.
c) Faites fondre les pépites de chocolat et le shortening dans un bain-marie. Piquez un cure-dent dans chaque boule, puis trempez-les une par une dans le mélange de chocolat.
d) Placez les boules de chocolat enveloppées sur du papier ciré sur un plateau. Placez au congélateur pendant environ 30 minutes jusqu'à ce que les boules soient toutes fondues.

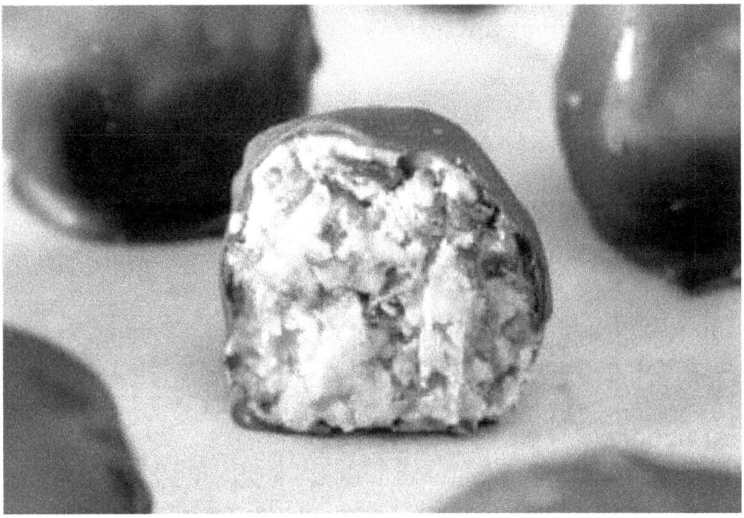

32. Truffes au piment ancho

Ingrédients:
a) ⅔ tasse de crème épaisse
b) 5 cuillères à soupe de beurre
c) 3 c. à thé de poudre de piment ancho
d) 2 c. à thé de cannelle moulue
e) Une pincée de sel
f) ½ lb (225 g) de chocolat mi-amer, haché
g) 1 c. à thé de cacao en poudre

Instructions
1. Tapissez un moule à pâtisserie de 23 x 33 cm (9 x 13 po) de papier sulfurisé et réservez. Dans une casserole moyenne à feu moyen-doux, mélangez la crème épaisse, 3 cuillères à soupe de beurre, 2 cuillères à café de poudre de piment ancho, la cannelle et le sel. Portez le mélange à ébullition, couvrez et retirez du feu. Laissez reposer pendant 2 heures.
2. Remettez la casserole sur feu moyen-doux. Une fois que le mélange commence à frémir, retirez-le du feu et ajoutez le chocolat mi-amer et les 2 cuillères à soupe de beurre restantes. Remuez pendant 2 à 3 minutes ou jusqu'à ce que le chocolat soit fondu et que le mélange soit lisse. Versez dans le moule préparé et laissez refroidir au réfrigérateur pendant 4 heures.
3. À l'aide d'une cuillère et de vos mains, formez 16 boules de 2,5 cm (1 po) de diamètre. Déposez les boules sur une plaque à pâtisserie propre recouverte de papier sulfurisé et laissez refroidir au réfrigérateur pendant 30 minutes.
4. Dans un petit bol, mélanger la cuillère à café restante de poudre de piment ancho et la poudre de cacao. Rouler les boules dans la poudre et les remettre sur le papier sulfurisé.
5. Conservation : À déguster le jour même à température ambiante ou à conserver dans un récipient hermétique au réfrigérateur jusqu'à 1 semaine.

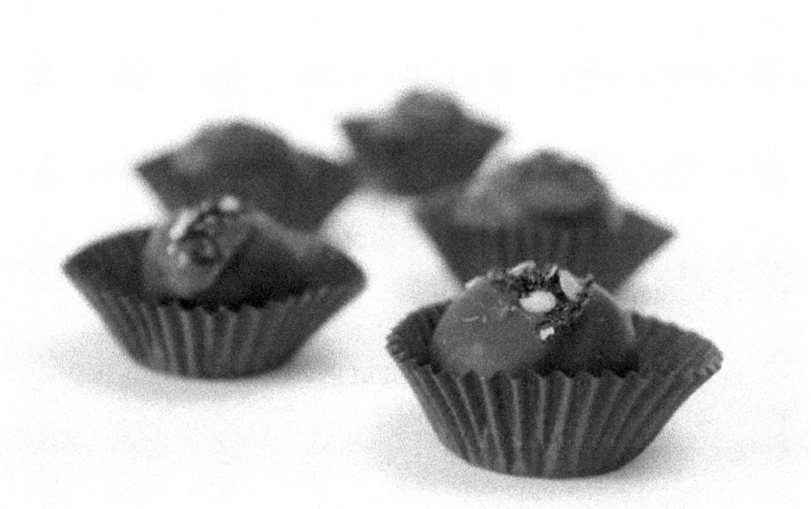

33. Truffes au chocolat

Temps de préparation : 15-20 minutes
Temps de cuisson : 0 minutes
Portions : 10-12

Ingrédients:

- ½ tasse de beurre ramolli
- ½ tasse de sucre en poudre
- ¼ tasse de poudre de cacao non sucrée
- ½ tasse de farine d'amande
- Grosse pincée de sel
- Extrait d'amande Dash
- Extrait de vanille en tiret
- 24 amandes entières, grillées au beurre et au sel
- 1 tasse de noix de coco râpée non sucrée

Instructions:

- Recouvrir une plaque à pâtisserie de papier sulfurisé. Dans un bol, mettre tous les ingrédients préparés sauf les amandes entières et la noix de coco et mélanger délicatement jusqu'à ce que le mélange soit assez lisse.
- Roulez des cuillères à café du mélange entre vos paumes pour former des boules. (Travaillez rapidement, car le beurre devient très mou très vite. Réfrigérez pendant quelques minutes si le mélange devient trop mou.)
- Si vous utilisez des amandes grillées, glissez-en une au centre de chacune et roulez-la à nouveau rapidement pour lisser le tout.
- Placez la noix de coco dans un bol et roulez les boules dans la noix de coco jusqu'à ce qu'elles soient enrobées. Placez-les sur la plaque de cuisson et réfrigérez-les pour les raffermir. Conservez les boules dans un récipient en verre au

réfrigérateur.

34. Cerises enrobées de chocolat

Temps de préparation : 1h30.
Temps de cuisson : 5 minutes
Portions : 12

Ingrédients:

- 24 cerises avec tiges (retirez les noyaux ou utilisez des cerises séchées)
- 1 tasse de pépites de chocolat au lait
- 1 tasse de pépites de chocolat noir
- ¼ tasse d'huile de coco

Instructions:

a) Dans un bol allant au micro-ondes, faites chauffer les pépites de chocolat noir, les pépites de chocolat au lait et l'huile de coco.
b) Chauffez le mélange par intervalles de 20 secondes et remuez à tour de rôle jusqu'à ce qu'il soit complètement fondu.
c) Assurez-vous que le chocolat ne soit pas trop chaud. Couvrez les cerises de chocolat et laissez l'excédent de chocolat s'égoutter. Déposez les cerises sur un papier sulfurisé.
d) Une fois toutes les cerises cuites, transférez-les au réfrigérateur pendant 1 heure

e) Enrobez les cerises d'une double couche si vous le souhaitez (transférez-les à nouveau au réfrigérateur). Bon appétit !

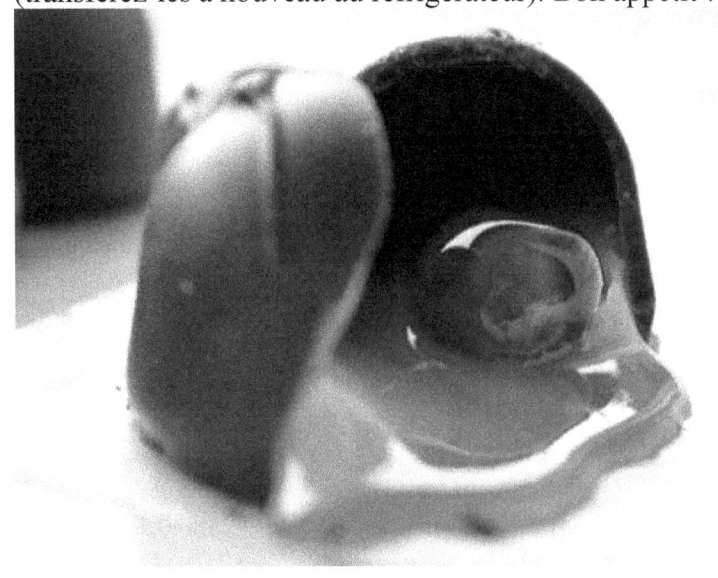

35. Fudge napolitain

INGRÉDIENTS
a) ½ tasse de beurre ramolli
b) 1/2 tasse d'huile de coco
c) 1/2 tasse de crème sure
d) 1/2 tasse de fromage à la crème
e) 2 cuillères à soupe d'érythritol
f) 25 gouttes de Stevia liquide
g) 2 cuillères à soupe de poudre de cacao
h) 1 c. à thé d'extrait de vanille
i) 2 fraises moyennes

INSTRUCTIONS
9. Dans un bol, mélanger le beurre, l'huile de coco, la crème sure, le fromage à la crème, l'érythritol et la stévia liquide.
10. À l'aide d'un mixeur plongeant, mélangez les ingrédients jusqu'à obtenir un mélange lisse.
11. Divisez le mélange en 3 bols différents. Ajoutez la poudre de cacao dans un bol, les fraises dans un autre bol et la vanille dans le dernier bol.
12. Mélangez à nouveau tous les ingrédients à l'aide d'un mixeur plongeant. Séparez le mélange de chocolat dans un récipient muni d'un bec verseur.
13. Verser le mélange de chocolat dans le moule à bombe grasse. Placer au congélateur pendant 30 minutes, puis répéter l'opération avec le mélange à la vanille.
14. Congelez le mélange à la vanille pendant 30 minutes, puis répétez l'opération avec le mélange à la fraise. Congelez à nouveau pendant au moins 1 heure.
15. Une fois complètement congelés, retirez-les des moules à bombes grasses.

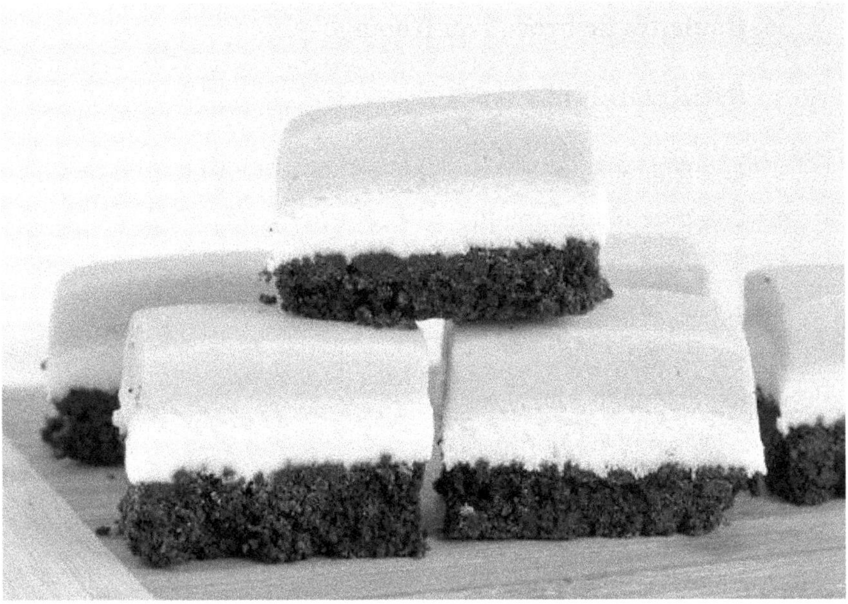

36. Boulettes de brocoli au fromage

INGRÉDIENTS

Les Beignets
- 250 g de beurre fondu
- 3/4 tasse de farine d'amande
- 1/4 tasse + 3 c. à soupe de farine de graines de lin
- oz. Brocoli frais
- oz. Fromage Mozzarella
- 2 gros œufs
- 2 c. à thé de levure chimique
- Sel et poivre au goût

INSTRUCTIONS
- Mettez le brocoli dans un robot culinaire et mixez jusqu'à ce que le brocoli soit réduit en petits morceaux. Vous voulez qu'il soit bien transformé.
- Mélangez le fromage, la farine d'amandes, le beurre, la farine de graines de lin et la levure chimique avec le brocoli. Si vous souhaitez ajouter des assaisonnements supplémentaires (sel et poivre), faites-le à ce stade.
- Ajoutez les 2 œufs et mélangez bien jusqu'à ce que tout soit incorporé.
- Roulez la pâte en boules puis enrobez-la de farine de graines de lin.
- Continuez ainsi avec toute la pâte et réservez sur du papier absorbant.
- Chauffez votre friteuse à 375°F. J'utilise cette friteuse. Une fois prêtes, déposez les beignets de brocoli et de fromage à l'intérieur du panier, sans le surcharger.

- Faites frire les beignets jusqu'à ce qu'ils soient dorés, environ 3 à 5 minutes. Une fois cuits, déposez-les sur du papier absorbant pour égoutter l'excès de graisse et assaisonnez à votre goût.
- N'hésitez pas à préparer une mayonnaise piquante à l'aneth et au citron pour une trempette. Bon appétit

37. Cerises trempées dans du chocolat

Ingrédients:
- 1 tasse de pépites de chocolat noir
- 1 tasse de pépites de chocolat au lait
- ¼ tasse d'huile de coco
- 24 cerises avec tiges (lavées et séchées ; si vous utilisez des cerises fraîches, n'oubliez pas de retirer le noyau !)

Instructions:
- Faites chauffer les pépites de chocolat au lait, les pépites de chocolat noir et l'huile de coco dans un bol allant au micro-ondes. Retirez-les et remuez toutes les 20 secondes jusqu'à ce qu'ils soient fondus. Le chocolat doit être tiède mais pas brûlant.
- Trempez les cerises sèches par les tiges dans le chocolat, une à la fois, en laissant l'excédent de chocolat s'égoutter dans le bol.
- Placez les cerises sur une assiette recouverte de papier ciré pour les faire sécher. Répétez l'opération jusqu'à ce que toutes les cerises soient recouvertes. Réservez le chocolat supplémentaire à côté
- Laissez refroidir les cerises au réfrigérateur pendant 1 heure.
- Réchauffez à nouveau la sauce au chocolat et retirez les cerises du réfrigérateur.
- Trempez chaque cerise dans la sauce au chocolat une seconde fois. Remettez les cerises au réfrigérateur pendant 1 heure avant de les servir.

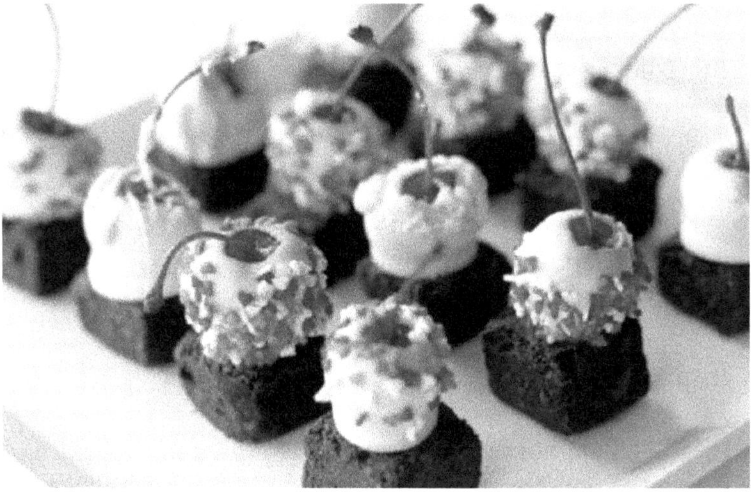

38. Galettes à la menthe

Ingrédients:

- ½ tasse de sirop de maïs léger
- 2 cuillères à café d'extrait de menthe poivrée
- ½ tasse de beurre ramolli
- 2 gouttes de colorant alimentaire (facultatif)
- 9 tasses de sucre en poudre tamisé (environ 2 livres)

Instructions:

a) Utilisez un bol pour mélanger le sirop de maïs, l'extrait de menthe poivrée et le beurre cuit ou la margarine légèrement fondus. Ajoutez ensuite le sucre, petit à petit, et incorporez-le au mélange. Ajoutez la quantité de colorant alimentaire nécessaire pour obtenir la couleur souhaitée et mélangez bien.
b) Roulez ce mélange en petites boules. Placez-les à quelques centimètres les unes des autres sur une plaque à pâtisserie recouverte de papier sulfurisé. Utilisez une fourchette pour aplatir chaque boule.
c) Laissez reposer les galettes à la menthe au réfrigérateur pendant plusieurs heures. Sortez-les du réfrigérateur et laissez-les sécher à température ambiante pendant plusieurs jours.

d) Après quelques jours, lorsque les galettes sont sèches, transférez-les dans un récipient avec un couvercle hermétique et conservez-les au réfrigérateur.

39. Boules de guimauve à la noix de coco

Ingrédients:

- 2 onces de beurre
- 2 cuillères à soupe de cacao
- 3 cuillères à soupe de lait concentré
- 2 onces de sucre brun
- 1/8 once de haschisch finement moulu ou de cannabis de haute qualité
- 6 onces de noix de coco desséchées
- 5 onces de petites guimauves blanches

Instructions:

a) Après avoir fait fondre le beurre dans une casserole, mélangez-y le cacao, le lait, le sucre et le haschisch. Continuez à chauffer en remuant de temps en temps jusqu'à ce que le tout soit fondu. Faites très attention à ne pas le faire bouillir.
b) Retirez du feu et ajoutez la majorité de la noix de coco, en en gardant juste assez pour un enrobage final. Divisez maintenant votre mélange en 15 boules de taille similaire, puis aplatissez-les juste assez pour les enrouler autour d'une guimauve.
c) Après avoir enveloppé une guimauve, roulez chacune d'elles dans le reste de votre noix de coco jusqu'à ce qu'une généreuse couche soit appliquée.
d) Nous recommandons d'en manger seulement 1 à 2 par personne, malgré leur goût.

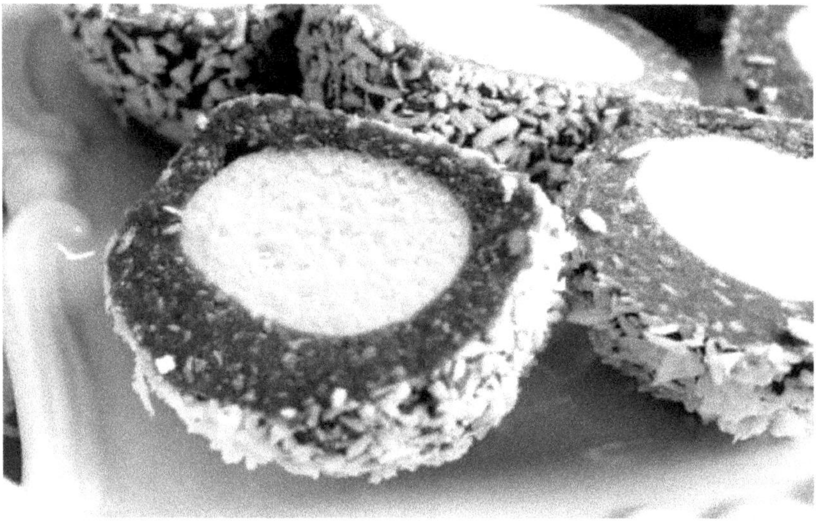

40. Boules de beurre de cacahuète

Rendement : 15 boules de goo

Ingrédients:

a) 250 g de beurre fondu
b) 225 g d'avoine
c) 250 g de beurre de cacahuète
d) 3 cuillères à soupe de miel
e) 2 cuillères à soupe de cannelle moulue
f) 2 cuillères à soupe de poudre de cacao

Instructions:

a) Placez tous les ingrédients dans un grand bol et remuez jusqu'à ce que tout soit mélangé.
b) Placez le mélange au congélateur et laissez reposer pendant 10 à 20 minutes.
c) Formez des boules individuelles à la taille de votre choix. Ensuite, déposez-les sur du papier ciré pour les faire durcir.
d) Certaines personnes préfèrent ajouter d'autres ingrédients tels que des noix hachées, des raisins secs, des Rice Krispies ou des flocons d'avoine, juste pour expérimenter.
e) Vous pouvez ajouter plus d'avoine si vous trouvez le résultat final un peu trop collant et gluant, ou ajouter plus de miel ou de beurre de cacahuète si le résultat s'avère trop sec. Il s'agit avant tout d'être créatif et d'ajouter votre touche personnelle à ce délice.
f) Une fois cela fait, vous êtes maintenant prêt à servir cette délicieuse friandise, qui peut être consommée en dessert, en collation ou à tout moment de la journée où vous choisissez de la manger.
g) Apprécier!

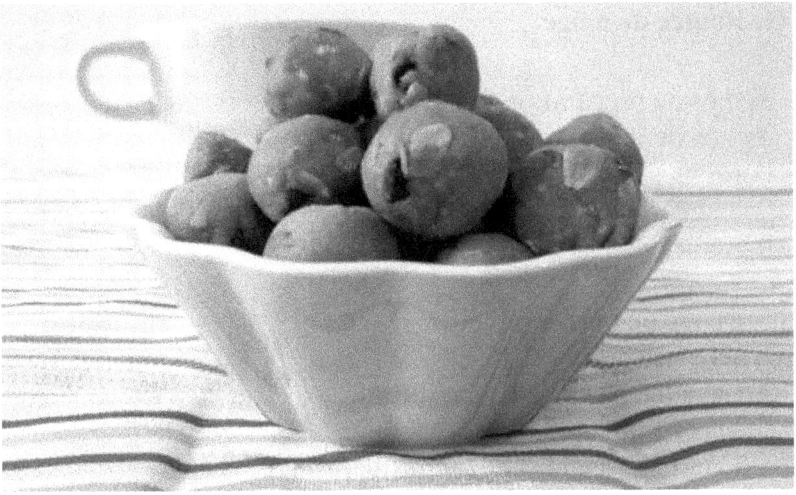

41. Boules de neige

Temps de préparation : 1h30.
Temps de cuisson : 20-25 minutes
Portions : 12

Ingrédients:

8. 1 tasse de beurre ramolli
9. 1/4 tasse de sucre
10. 1 c. à thé d'extrait de vanille pure
11. 2 tasses de farine tout usage
12. 2 cuillères à soupe de fécule de maïs
13. 1 tasse d'amandes grillées non salées, finement hachées
14. 1/4 c. à thé de sel
15. 1 tasse de sucre en poudre pour enrober

Instructions:

- À l'aide d'un batteur sur socle ou d'un batteur à main, battez le beurre avec 1/4 tasse de sucre jusqu'à ce que le mélange soit crémeux. Ajoutez l'extrait de vanille. Battez doucement la farine, la fécule de maïs, les amandes grillées et le sel jusqu'à ce que le tout soit bien mélangé. Enveloppez dans une pellicule plastique et réfrigérez pendant une heure. Préchauffez le four à 325°. Sortez la pâte refroidie du réfrigérateur et prenez environ une cuillère à soupe de pâte, puis façonnez-la en une boule de 1 pouce.
- Disposer les boules sur la plaque à pâtisserie à environ 2,5 cm d'intervalle. Cuire les biscuits sur la grille du milieu du four pendant 20 minutes ou jusqu'à ce qu'ils soient dorés et cuits. Remplissez un bol peu profond avec 1 tasse de sucre en poudre tamisé. Laissez refroidir pendant environ 5 minutes et, lorsqu'ils sont suffisamment froids pour être touchés, roulez les biscuits dans le sucre en poudre et réservez-les sur la grille recouverte de papier sulfurisé pour qu'ils refroidissent complètement. Une fois refroidis, saupoudrez à nouveau de sucre en poudre et conservez-les dans un récipient hermétique.

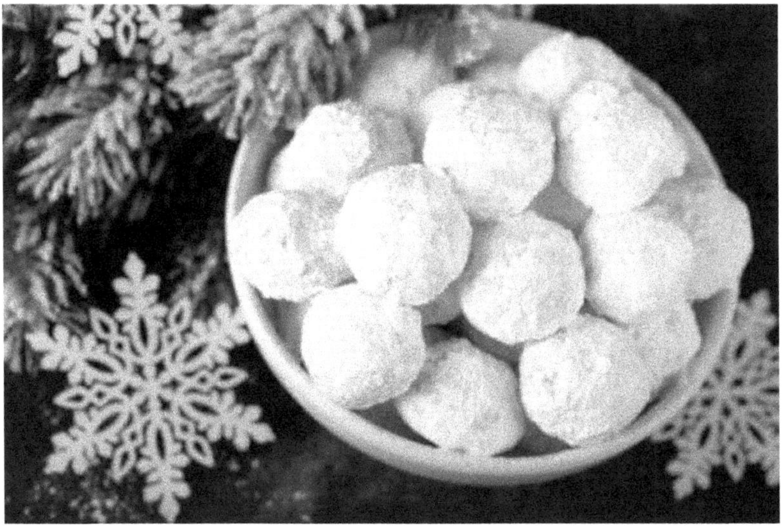

BOMBES GRASSES DE DESSERT

- **Bombes grasses napolitaines**

INGRÉDIENTS
- 1/2 tasse de beurre
- 1/2 tasse d'huile de coco
- 1/2 tasse de crème sure
- 1/2 tasse de fromage à la crème
- 2 cuillères à soupe d'érythritol
- 25 gouttes de Stevia liquide
- 2 cuillères à soupe de poudre de cacao
- 1 c. à thé d'extrait de vanille
- 2 fraises moyennes

INSTRUCTIONS
- Dans un bol, mélanger le beurre, l'huile de coco, la crème sure, le fromage à la crème, l'érythritol et la stévia liquide.
- À l'aide d'un mixeur plongeant, mélangez les ingrédients jusqu'à obtenir un mélange lisse.
- Divisez le mélange en 3 bols différents. Ajoutez la poudre de cacao dans un bol, les fraises dans un autre bol et la vanille dans le dernier bol.
- Mélangez à nouveau tous les ingrédients à l'aide d'un mixeur plongeant. Séparez le mélange de chocolat dans un récipient muni d'un bec verseur.
- Verser le mélange de chocolat dans le moule à bombe grasse. Placer au congélateur pendant 30 minutes, puis répéter l'opération avec le mélange à la vanille.
- Congelez le mélange à la vanille pendant 30 minutes, puis répétez l'opération avec le mélange à la fraise. Congelez à nouveau pendant au moins 1 heure.
- Une fois complètement congelés, retirez-les des moules à bombes grasses.

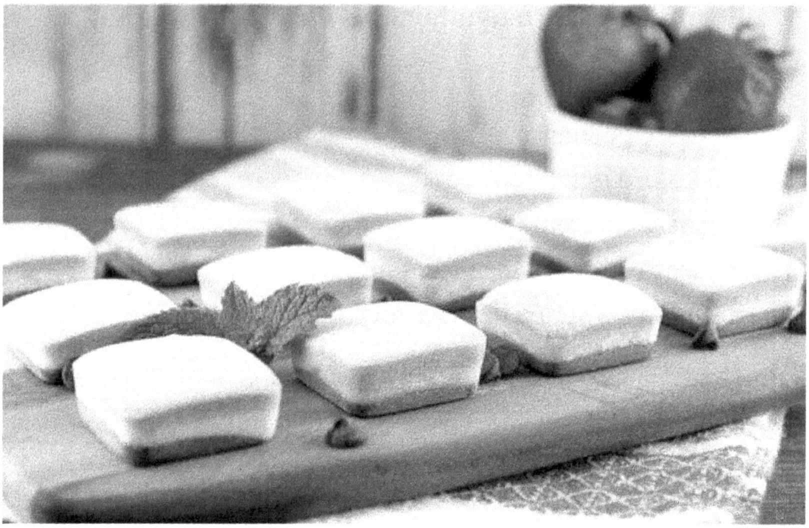

- **Sucettes glacées à l'érable et au bacon**

INGRÉDIENTS
1. 2 cuillères à soupe de beurre de coco
2. Cake Pops à l'érable et au bacon
3. Bacon de campagne fumoir Burgers' Smokehouse de 6 oz
4. 5 gros œufs, séparés
5. 1/4 tasse de sirop d'érable
6. 1/2 c. à thé d'extrait de vanille
7. 1/4 tasse d'érythritol
8. 1/4 c. à thé de stévia liquide
9. 1 tasse de farine d'amande Honeyville
10. 2 cuillères à soupe de poudre de cosses de psyllium
11. 1 c. à thé de levure chimique
12. 1/2 c. à thé de crème de tartre
13. Glaçage au caramel salé 5 c. à soupe de beurre
14. 5 c. à soupe de crème épaisse
15. 2 1/2 c. à soupe de caramel salé sans sucre Torani

INSTRUCTIONS
1. Coupez 6 oz de bacon de campagne fumé Burgers en petits morceaux de la taille d'une bouchée.
2. Il est généralement utile de congeler le bacon 30 minutes à l'avance ou d'utiliser des ciseaux pour faciliter ce processus.
3. Faites chauffer une poêle à feu moyen-vif et faites cuire le bacon jusqu'à ce qu'il soit croustillant.
4. Une fois croustillant, retirez le bacon de la poêle et laissez-le sécher sur du papier absorbant. Conservez l'excédent de graisse de bacon pour y faire revenir des légumes ou d'autres viandes.
5. Préchauffer le four à 325°F. Dans 2 bols séparés, séparer les jaunes d'œufs des blancs d'œufs de 5 gros œufs.
6. Dans le bol contenant les jaunes d'œufs, ajoutez 1/4 tasse de sirop d'érable, 1/4 tasse d'érythritol, 1/4 c. à thé de stevia liquide et 1/2 c. à thé d'extrait de vanille.

7. A l'aide d'un batteur électrique, mélangez le tout pendant environ 2 minutes. Les jaunes d'œufs devraient devenir plus clairs.
8. Ajoutez 1 tasse de farine d'amande Honeyville, 2 c. à soupe de poudre de cosses de psyllium, 2 c. à soupe de beurre de coco et 1 c. à thé de levure chimique.
9. Mélangez à nouveau jusqu'à obtenir une pâte épaisse.
10. Rincez les fouets du batteur à main dans l'évier pour vous assurer que toutes les traces de graisse sont éliminées des fouets.
11. Ajoutez 1/2 c. à thé de crème de tartre aux blancs d'œufs.
12. Battre les blancs d'œufs à l'aide d'un batteur à main jusqu'à ce que des pics solides se forment.
13. Ajoutez 2/3 de bacon croustillant dans la pâte à cake pops.
14. Ajoutez environ 1/3 des blancs d'œufs dans la pâte et mélangez vigoureusement.

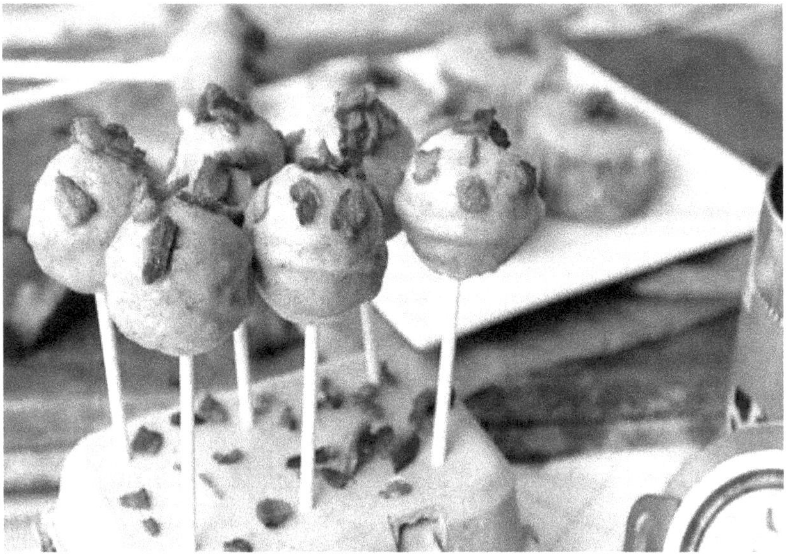

a) Bombes grasses à l'orange et à la noix de coco

INGRÉDIENTS

a) 1/2 tasse d'huile de coco
b) 1/2 tasse de crème à fouetter épaisse
c) 4 oz de fromage à la crème
d) 1 c. à thé de Mio Orange Vanille
e) gouttes de Stevia liquide

INSTRUCTIONS

1. Mesurez l'huile de coco, la crème épaisse et le fromage à la crème.
2. Utilisez un mixeur plongeant pour mélanger tous les ingrédients. Si vous avez du mal à mélanger les ingrédients, vous pouvez les faire fondre au micro-ondes pendant 30 secondes à 1 minute.
3. Ajoutez l'Orange Vanilla Mio et la stevia liquide au mélange et mélangez avec une cuillère.
4. Répartissez le mélange dans un plateau en silicone (le mien est un superbe bac à glaçons Avenger) et congelez pendant 2 à 3 heures.
5. Une fois durci, retirez-le du plateau en silicone et conservez-le au congélateur. Bon appétit !

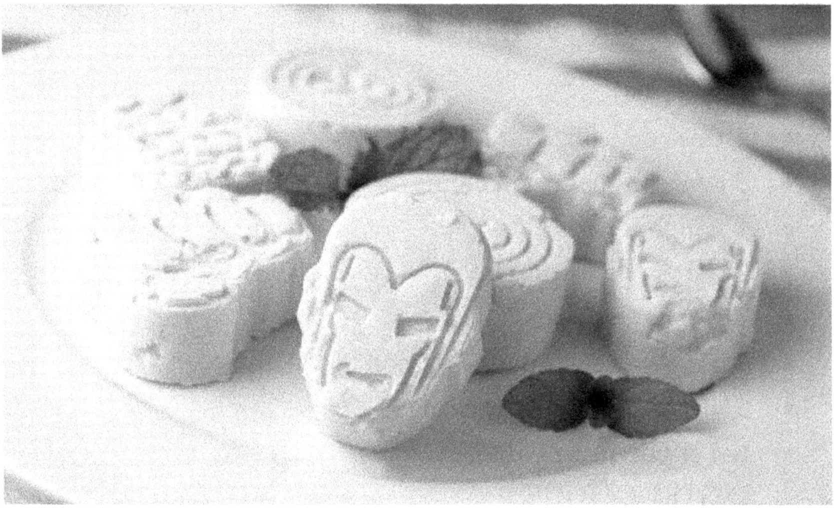

a) Bombes au piment jalapeño

INGRÉDIENTS
- 1 tasse de beurre ramolli
- 3 oz de fromage à la crème
- 3 tranches de bacon
- 1 piment jalapeno moyen
- 1/2 c. à thé de persil séché
- 1/4 c. à thé de poudre d'oignon
- 1/4 c. à thé de poudre d'ail
- Sel et poivre au goût

INSTRUCTIONS
- Faites revenir 3 tranches de bacon dans une poêle jusqu'à ce qu'elles soient croustillantes.
- Retirez le bacon de la poêle, mais conservez la graisse restante pour une utilisation ultérieure.
- Attendez que le bacon soit refroidi et croustillant.
- Épépinez un piment jalapeño, puis coupez-le en petits morceaux.
- Mélanger le fromage à la crème, le beurre, le piment jalapeno et les épices. Assaisonner avec du sel et du poivre selon votre goût.
- Ajoutez la graisse de bacon et mélangez jusqu'à ce qu'un mélange solide se forme.
- Émiettez le bacon et disposez-le sur une assiette. Roulez le mélange de fromage à la crème en boules à la main, puis roulez la boule dans le bacon.

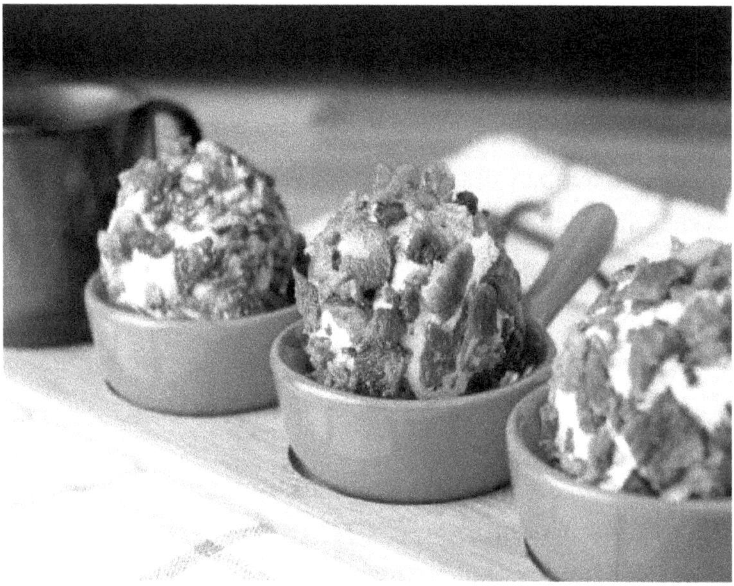

1. **Pizzas grasses**

    INGRÉDIENTS
    - 4 oz de fromage à la crème
    - tranches de pepperoni
    - olives noires dénoyautées
    - 2 c. à soupe de pesto de tomates séchées au soleil

    INSTRUCTIONS
    a) Coupez le pepperoni et les olives en petits morceaux.
    b) Mélangez le basilic, le pesto de tomates et le fromage à la crème.
    c) Ajoutez les olives et le pepperoni au fromage à la crème et mélangez à nouveau.
    d) Former des boules, puis garnir de pepperoni, de basilic et d'olives.

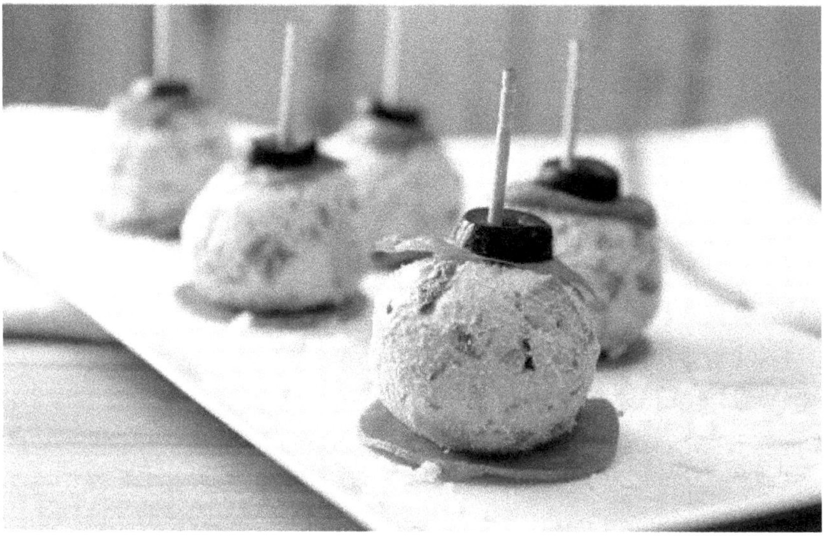

2. Bombes de graisse au beurre de cacahuète

INGRÉDIENTS

- 1/2 TASSE d'huile de coco
- 1/4 tasse de poudre de cacao
- c. à soupe de poudre PB Fit
- c. à soupe de graines de chanvre décortiquées
- 2 c. à soupe de crème épaisse
- 1 c. à thé d'extrait de vanille
- 28 gouttes de Stevia liquide
- 1/4 tasse de noix de coco râpée non sucrée

INSTRUCTIONS

1. Mélangez tous les ingrédients secs avec l'huile de coco. Cela peut demander un peu de travail, mais cela finira par se transformer en pâte.
2. Ajoutez la crème épaisse, la vanille et la stévia liquide. Mélangez à nouveau jusqu'à ce que tout soit homogène et légèrement crémeux.
3. Mesurez la noix de coco râpée non sucrée dans une assiette.

4. Roulez les boules à la main puis roulez-les dans la noix de coco râpée non sucrée. Déposez-les sur une plaque de cuisson recouverte de papier sulfurisé. Mettez au congélateur pendant environ 20 minutes.

- **Barres Fat Bomb à l'érable et aux pacanes**

INGRÉDIENTS

a) 2 tasses de moitiés de noix de pécan
b) 1 tasse de farine d'amande
c) 1/2 tasse de farine de graines de lin dorées
d) 1/2 tasse de noix de coco râpée non sucrée
e) 1/2 tasse d'huile de coco
f) 1/4 tasse de « sirop d'érable »
g) 1/4 c. à thé de Stevia liquide (~25 gouttes)

INSTRUCTIONS

1. Mesurez 2 tasses de moitiés de noix de pécan et faites-les cuire au four pendant 6 à 8 minutes à 350 °F. Juste assez pour qu'elles commencent à devenir aromatiques.
2. Retirez les noix de pécan du four, puis mettez-les dans un sac en plastique. Utilisez un rouleau à pâtisserie pour les écraser en morceaux. La consistance n'a pas trop d'importance,
3. Mélangez les ingrédients secs dans un bol : 1 tasse de farine d'amande, 1/2 tasse de farine de graines de lin dorées et 1/2 tasse de noix de coco râpée non sucrée.
4. Ajoutez les noix de pécan concassées dans le bol et mélangez à nouveau.
5. Enfin, ajoutez 1/2 tasse d'huile de coco, 1/4 tasse de « sirop d'érable » (recette ici) et 1/4 c. à thé de stévia liquide. Mélangez bien le tout jusqu'à ce qu'une pâte friable se forme.
6. Pressez la pâte dans un plat à gratin. J'utilise pour cela un plat de cuisson de 11×7.
7. Cuire au four pendant 20 à 25 minutes à 350 °F ou jusqu'à ce que les bords soient légèrement dorés.
8. Retirer du four, laisser refroidir partiellement et réfrigérer pendant au moins 1 heure (pour couper proprement).
9. Couper en 12 tranches et retirer à l'aide d'une spatule.

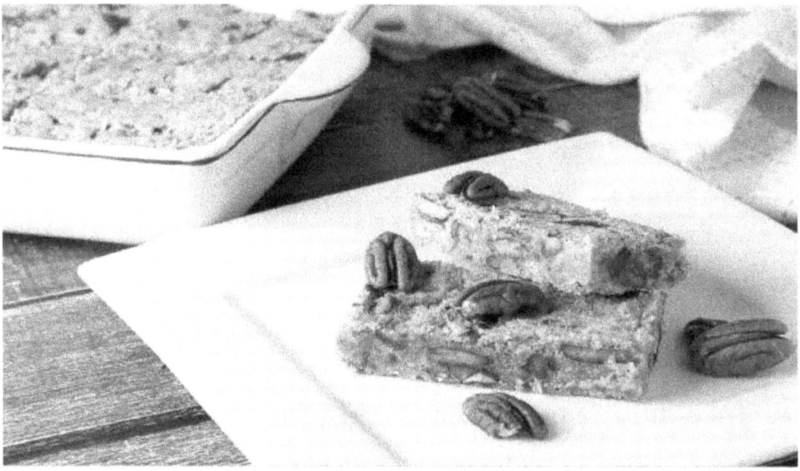

- **Bombes au bacon et au fromage**

INGRÉDIENTS
- 3 oz de fromage mozzarella
- c. à soupe de farine d'amande
- c. à soupe de beurre fondu
- 3 c. à soupe de poudre de cosses de psyllium
- 1 gros œuf
- 1/4 c. à thé de sel
- 1/4 c. à thé de poivre noir fraîchement moulu
- 1/8 c. à thé de poudre d'ail
- 1/8 c. à thé de poudre d'oignon
- tranches de bacon
- 1 tasse d'huile, de saindoux ou de suif (pour la friture)

INSTRUCTIONS
1. Ajoutez 4 oz (la moitié) de fromage Mozzarella dans un bol.
2. Faites chauffer 4 cuillères à soupe de beurre au micro-ondes pendant 15 à 20 secondes ou jusqu'à ce qu'il soit complètement fondu.
3. Faites chauffer le fromage au micro-ondes pendant 45 à 60 secondes jusqu'à ce qu'il soit fondu et gluant (cela devrait être un
4. Ajoutez 1 œuf et le beurre au mélange et mélangez bien.
5. Ajoutez 4 cuillères à soupe de farine d'amande, 3 cuillères à soupe de cosses de psyllium et le reste de vos épices au mélange (1/4 cuillère à café de sel, 1/4 cuillère à café de poivre noir fraîchement moulu, 1/8 cuillère à café de poudre d'ail et 1/8 cuillère à café de poudre d'oignon).
6. Mélangez le tout et versez le tout sur un silpat. Abaissez la pâte ou, à l'aide de vos mains, formez un rectangle.

7. Répartir le reste du fromage sur la moitié de la pâte et replier la pâte dans le sens de la longueur.
8. Repliez à nouveau la pâte verticalement pour former une forme carrée.
9. Pincez les bords avec vos doigts et pressez la pâte pour former un rectangle. La garniture doit être bien serrée à l'intérieur.
10. À l'aide d'un couteau, découpez la pâte en 20 carrés.
11. Coupez chaque tranche de bacon en deux, puis posez le carré à l'extrémité d'un morceau de bacon.
12. Roulez la pâte dans le bacon en serrant bien jusqu'à ce que les extrémités se chevauchent. Vous pouvez « étirer » votre bacon si vous en avez besoin avant de l'enrouler.
13. Utilisez un cure-dent pour fixer le bacon après l'avoir roulé.
14. Faites cela pour chaque morceau de pâte que vous avez. À la fin, vous aurez 20 bombes au bacon et au fromage.
15. Faites chauffer l'huile, le saindoux ou le suif à 350-375 °F, puis faites frire les bombes de bacon au fromage 3 ou 4 morceaux à la fois.

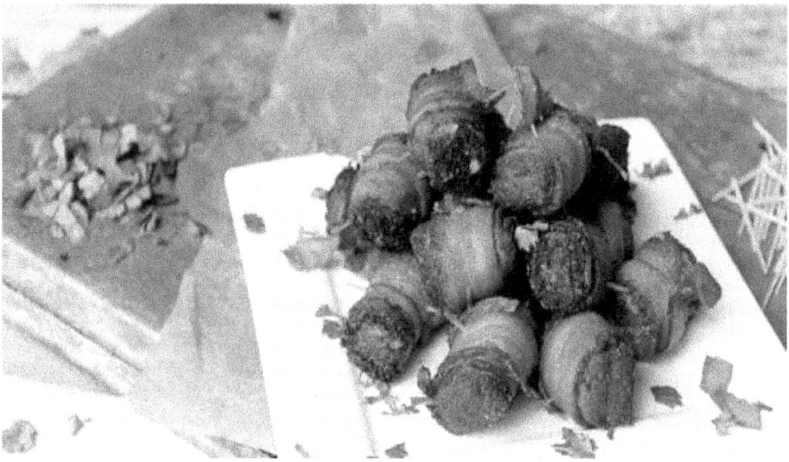

- **Pops gras au bacon et caramel**

INGRÉDIENTS

- Cake Pops à l'érable et au bacon
- Bacon de campagne fumoir Burgers' Smokehouse de 6 oz
- 5 gros œufs, séparés 1/4 tasse de sirop d'érable (recette ici)
- 1/2 c. à thé d'extrait de vanille 1/4 tasse d'érythritol NOW 1/4 c. à thé de stévia liquide
- 1 tasse de farine d'amande Honeyville
- 2 cuillères à soupe de poudre de cosses de psyllium
- 1 c. à thé de levure chimique
- 2 cuillères à soupe de beurre
- 1/2 c. à thé de crème de tartre
- Glaçage au caramel salé 5 c. à soupe de beurre
- 5 c. à soupe de crème épaisse
- 2 1/2 c. à soupe de caramel salé sans sucre Torani

INSTRUCTIONS

a) Coupez 6 oz de bacon de campagne fumé Burgers en petits morceaux de la taille d'une bouchée.
b) Il est généralement utile de congeler le bacon 30 minutes à l'avance ou d'utiliser des ciseaux pour faciliter ce processus.
c) Faites chauffer une poêle à feu moyen-vif et faites cuire le bacon jusqu'à ce qu'il soit croustillant.
d) Une fois croustillant, retirez le bacon de la poêle et laissez-le sécher sur du papier absorbant. Conservez l'excédent de graisse de bacon pour y faire revenir des légumes ou d'autres viandes.
e) Préchauffer le four à 325°F. Dans 2 bols séparés, séparer les jaunes d'œufs des blancs d'œufs de 5 gros œufs.
f) Dans le bol contenant les jaunes d'œufs, ajoutez 1/4 tasse de sirop d'érable (recette ici), 1/4 tasse d'érythritol, 1/4 c. à thé de stevia liquide et 1/2 c. à thé d'extrait de vanille.

g) A l'aide d'un batteur électrique, mélangez le tout pendant environ 2 minutes. Les jaunes d'œufs devraient devenir plus clairs.
h) Ajoutez 1 tasse de farine d'amande Honeyville, 2 c. à soupe de poudre de cosses de psyllium, 2 c. à soupe de beurre et 1 c. à thé de levure chimique.
i) Mélangez à nouveau jusqu'à obtenir une pâte épaisse.
j) Rincez les fouets du batteur à main dans l'évier pour vous assurer que toutes les traces de graisse sont éliminées des fouets.
k) Ajoutez 1/2 c. à thé de crème de tartre aux blancs d'œufs.
l) Battre les blancs d'œufs à l'aide d'un batteur à main jusqu'à ce que des pics solides se forment.
m) Ajoutez 2/3 de bacon croustillant dans la pâte à cake pops.
n) Ajoutez environ 1/3 des blancs d'œufs dans la pâte et mélangez vigoureusement.
o)

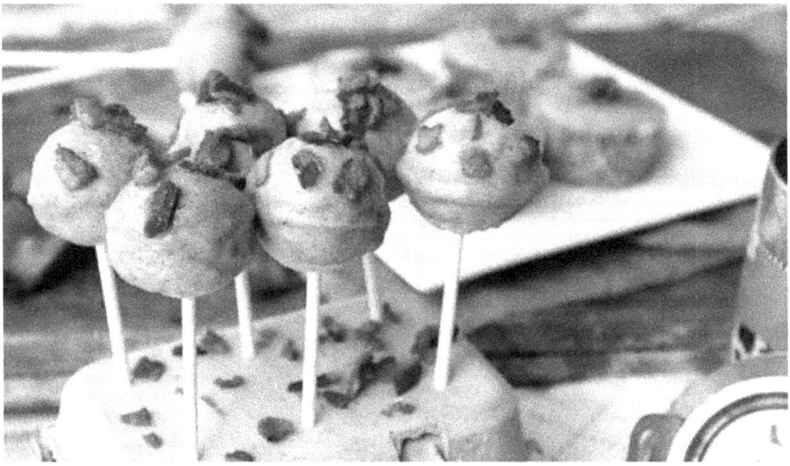

3. Barres de noix de cajou au caramel salé

Ingrédients:
- 2 tasses de farine tout usage
- ½ c. à thé de levure chimique
- ½ c. à thé de sel
- 12 cuillères à soupe de beurre, à température ambiante
- 6 cuillères à soupe de beurre non salé, coupé en morceaux
- 1 tasse de sucre brun clair, bien tassé
- 1 gros œuf
- 3 c. à thé d'extrait de vanille
- 1½ tasse de sucre granulé
- 1 tasse de crème épaisse
- 2 tasses de noix de cajou salées et grillées

p) Préchauffez le four à 171 °C (340 °F). Tapissez un moule à pâtisserie de 23 x 33 cm (9 x 13 po) de papier sulfurisé et réservez. Dans un petit bol, mélangez la farine tout usage, la levure chimique et ¼ de cuillère à café de sel. Réservez.

q) Dans un bol moyen, mélangez 6 cuillères à soupe de beurre, le beurre non salé et la cassonade légère au batteur électrique à vitesse moyenne pendant 5 minutes jusqu'à ce que le mélange soit léger et mousseux. Ajoutez l'œuf et 1 cuillère à café d'extrait de vanille et battez pendant 2 minutes à basse vitesse jusqu'à ce que le mélange soit homogène.

r) Ajoutez le mélange de farine et battez à vitesse moyenne pendant 2 à 3 minutes. Pressez le mélange de croûte dans le moule préparé. Réfrigérez pendant 30 minutes.

s) Dans une poêle antiadhésive de taille moyenne, faites chauffer le sucre granulé à feu moyen. Lorsque vous voyez le sucre commencer à colorer, remuez jusqu'à ce qu'il soit brun clair, environ 5 à 7 minutes. Ajoutez délicatement la crème épaisse et remuez jusqu'à obtenir une consistance lisse.

t) Baissez le feu et ajoutez les 6 cuillères à soupe de beurre restantes, les 2 cuillères à café d'extrait de vanille restantes et le ¼ de cuillère à café de sel restant. Remuez jusqu'à ce que le beurre soit fondu et retirez du feu.

u) Incorporer les noix de cajou au mélange de caramel. Verser le mélange de caramel et de noix de cajou dans le moule sur la croûte refroidie. Cuire au four pendant 20 minutes jusqu'à ce que le mélange soit pris. Laisser refroidir complètement avant de couper.

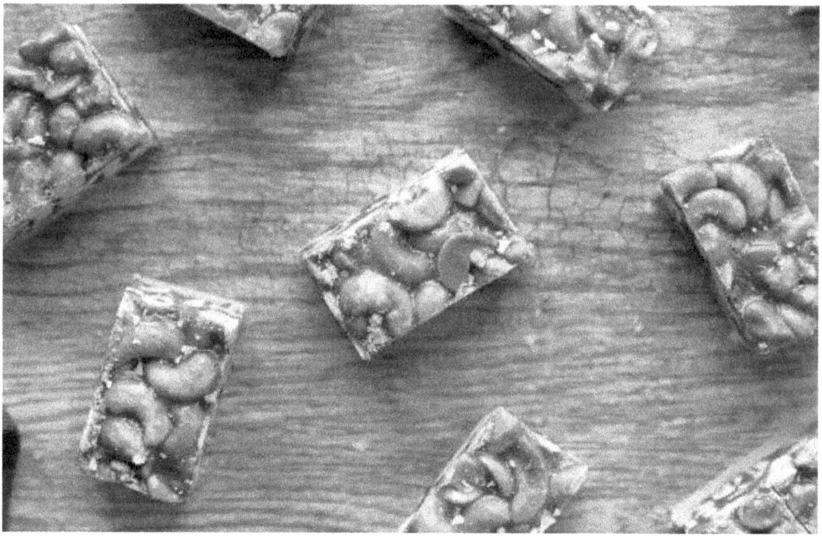

4. Caramels aux pistaches

Ingrédients:
- ½ tasse de beurre
- 2 tasses de sucre brun foncé, bien tassé
- ½ tasse de sirop de maïs noir
- 2 tasses de crème épaisse
- ¼ c. à thé de sel
- 1 tasse de pistaches hachées, grillées
- 2 c. à thé d'extrait de vanille

Instructions

h) Tapisser un moule carré de 20 cm (8 po) de papier d'aluminium, vaporiser d'un enduit à cuisson antiadhésif et réserver.
i) Dans une casserole moyenne à feu doux, faire fondre le beurre. Ajouter la cassonade foncée, le sirop de maïs foncé, 1 tasse de crème épaisse et le sel. Porter à ébullition, en remuant de temps en temps, pendant 12 à 15 minutes ou jusqu'à ce que le mélange atteigne 225 °F (110 °C) sur un thermomètre à bonbons.
j) Ajoutez lentement la tasse de crème épaisse restante. Portez le mélange à ébullition et laissez cuire pendant 15 minutes supplémentaires ou jusqu'à ce qu'il atteigne 250 °F (120 °C). Retirez du feu et ajoutez les pistaches et l'extrait de vanille. Versez dans le moule préparé.
k) Laisser refroidir au moins 3 heures avant de retirer du papier aluminium et de couper en 48 morceaux.
l) Coupez du papier sulfurisé en 48 carrés de 7,5 cm (3 pouces). Placez chaque caramel au centre d'un carré de papier sulfurisé, enroulez le papier autour du caramel et torsadez les extrémités du papier.

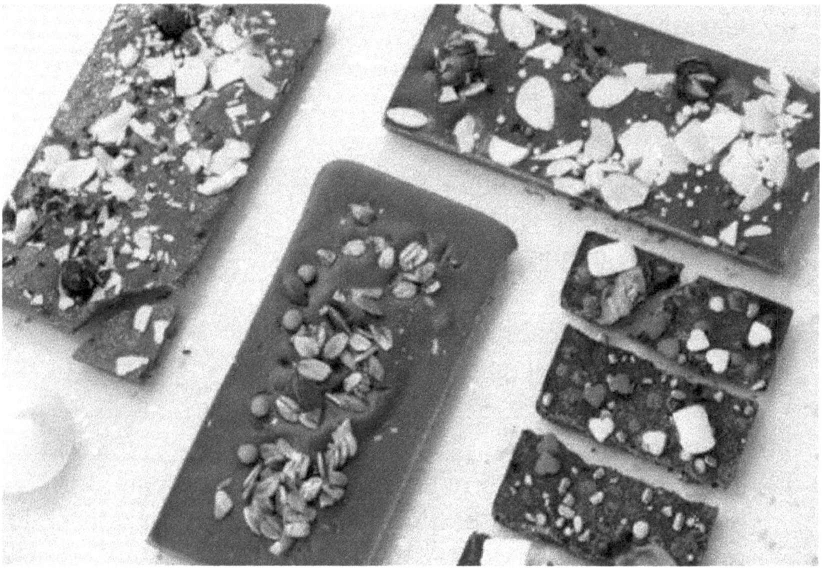

5. Carrés au citron vert

Ingrédients:
- 4 cuillères à soupe de beurre non salé, à température ambiante
- 4 cuillères à soupe de beurre, à température ambiante
- ½ tasse de sucre glace
- 2 tasses plus 5 cuillères à soupe de farine tout usage
- 1 c. à thé d'extrait de vanille
- Pincée de sel
- 4 gros œufs légèrement battus
- 1¾ tasse de sucre granulé
- ¼ tasse de jus de citron vert
- 1 cuillère à soupe de zeste de citron vert râpé

Instructions
15. Préchauffez le four à 171 °C (340 °F). Enduisez légèrement un moule à pâtisserie de 23 x 33 cm (9 x 13 po) d'un enduit à cuisson antiadhésif et réservez.
16. Dans un grand bol, battre le beurre non salé, le beurre et le sucre glace avec un batteur électrique à vitesse moyenne pendant 3 à 4 minutes ou jusqu'à ce que le mélange soit léger et mousseux.
17. Ajoutez la farine tout usage, l'extrait de vanille et le sel et mélangez pendant 2 à 3 minutes supplémentaires ou jusqu'à ce que le tout soit bien mélangé.
18. Presser la pâte au fond du moule préparé. Cuire au four pendant 20 à 23 minutes, jusqu'à ce qu'elle soit légèrement dorée. Laisser refroidir la croûte pendant 10 minutes.
19. Dans un grand bol, fouettez ensemble les œufs et le sucre granulé. Ajoutez le jus et le zeste de citron vert et fouettez bien.
20. Verser le mélange sur la croûte refroidie et cuire au four pendant 23 à 25 minutes ou jusqu'à ce que le mélange soit pris. Laisser refroidir complètement avant de couper en 12 carrés.
21. Conservation : Conserver hermétiquement emballé dans une pellicule plastique au réfrigérateur jusqu'à 5 jours.

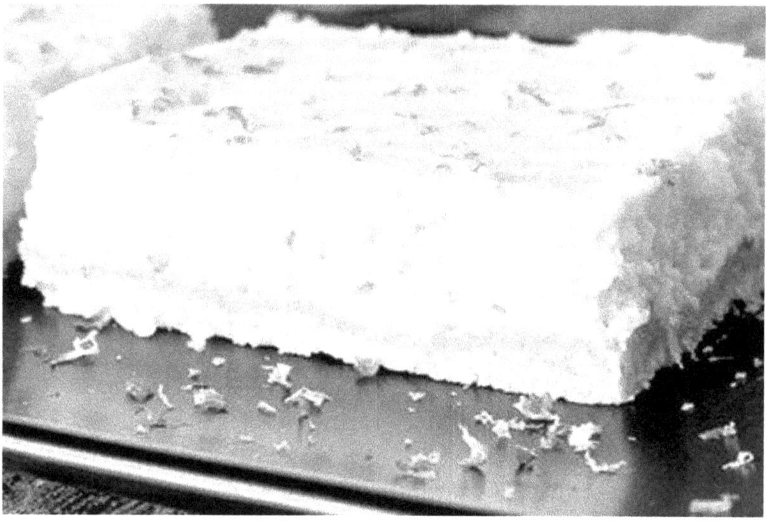

6. Bouchées de granola au chocolat blanc

Ingrédients:
- 1½ tasse de granola
- 3 cuillères à soupe de beurre fondu
- 2 tasses de chocolat blanc fondu

Instructions

6. Préchauffer le four à 120°C. Sur une plaque à pâtisserie à rebords, mélanger le granola et 2 cuillères à soupe de beurre. Placer la plaque au four pendant 5 minutes.
7. Retirer la plaque de cuisson et remuer jusqu'à ce que le granola soit complètement mélangé au beurre. Remettre la plaque au four pendant 15 minutes en remuant toutes les 5 minutes. Retirer du four et laisser refroidir complètement le granola.
8. Dans un bain-marie à feu moyen, mélanger le chocolat blanc fondu et la cuillère à soupe de beurre restante. Remuer pendant 5 à 7 minutes ou jusqu'à ce que le chocolat blanc soit complètement fondu et bien mélangé au beurre. Retirer du feu.
9. Incorporez le granola refroidi au mélange de chocolat blanc. Déposez-en des cuillerées à soupe bombées sur du papier sulfurisé et laissez-les refroidir complètement avant de servir.
10. Conservation : Conserver dans un récipient hermétique à température ambiante jusqu'à 1 semaine.

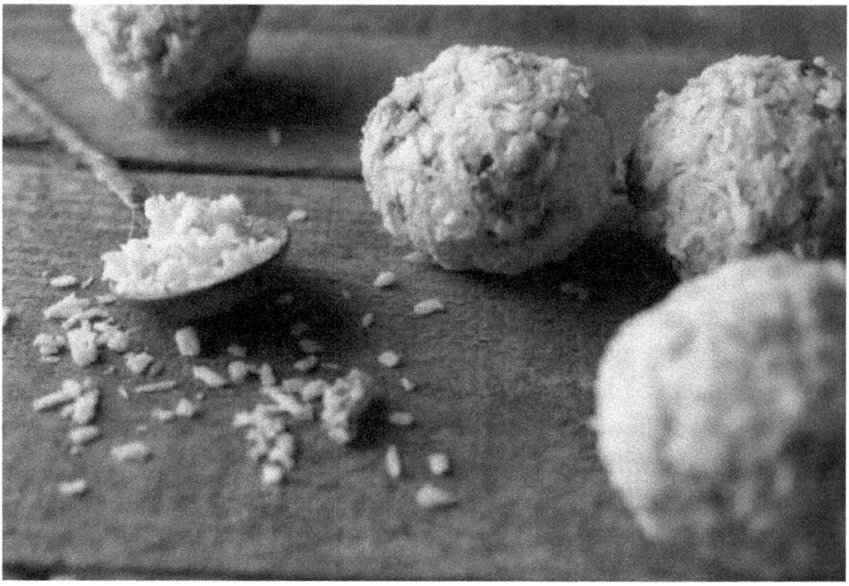

7. Carrés de caramel au bacon confit

Ingrédients:
- 8 tranches de bacon
- ¼ tasse de sucre brun clair, bien tassé
- 8 cuillères à soupe de beurre ramolli
- 2 cuillères à soupe de beurre non salé, ramolli
- ⅓ tasse de sucre brun foncé, bien tassé
- ⅓ tasse de sucre glace
- 1½ tasse de farine tout usage
- ½ c. à thé de sel
- ½ tasse de pépites de caramel
- 1 tasse de pépites de chocolat noir
- ⅓ tasse d'amandes hachées

Instructions
6. Préchauffez le four à 180 °C (350 °F). Dans un bol moyen, mélangez le bacon et la cassonade claire et disposez-les en une seule couche sur une plaque à pâtisserie.
7. Cuire au four pendant 20 à 25 minutes ou jusqu'à ce que le bacon soit doré et croustillant. Retirer du four et laisser refroidir pendant 15 à 20 minutes. Couper en petits morceaux.
8. Réduisez la température du four à 171 °C (340 °F). Tapissez un moule à pâtisserie de 23 x 33 cm (9 x 13 po) de papier d'aluminium, vaporisez-le d'un enduit à cuisson antiadhésif et réservez.
9. Dans un grand bol, mélanger le beurre, le beurre non salé, la cassonade foncée et le sucre glace au batteur électrique à vitesse moyenne jusqu'à obtenir une consistance légère et mousseuse. Ajouter progressivement la farine tout usage et le sel, en mélangeant jusqu'à ce que le mélange soit homogène. Incorporer ¼ tasse de pépites de caramel jusqu'à ce qu'elles soient réparties uniformément.
10. Pressez la pâte dans le moule préparé et faites cuire pendant 25 minutes ou jusqu'à ce qu'elle soit dorée. Retirez du four, saupoudrez de pépites de chocolat noir et laissez reposer 3 minutes ou jusqu'à ce que les pépites soient ramollies.

11. Étalez le chocolat ramolli uniformément sur le dessus et saupoudrez d'amandes, de bacon confit et du ¼ de tasse de pépites de caramel restantes. Laissez refroidir pendant 2 heures ou jusqu'à ce que le chocolat soit pris. Coupez en 16 carrés de 2 pouces (5 cm).
12. Conservation : Conserver dans un récipient hermétique au réfrigérateur jusqu'à 1 semaine.

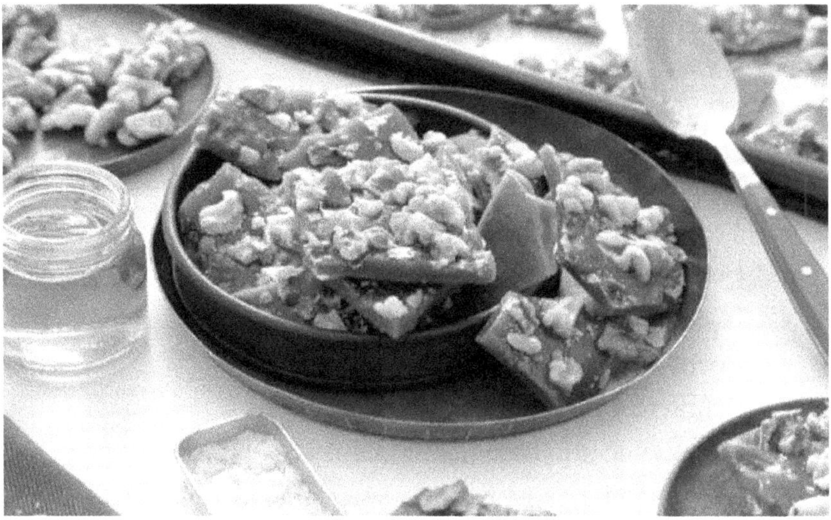

8. Barres de rêve au caramel et aux noix

Ingrédients:
- 1 boîte de mélange à gâteau jaune
- 3 cuillères à soupe de beurre ramolli
- 1 oeuf
- 14 onces de lait concentré sucré
- 1 oeuf
- 1 cuillère à café d'extrait de vanille pure
- 1/2 tasse de noix finement moulues
- 1/2 tasse de morceaux de caramel finement moulus

Instructions:
h) Préchauffer le four à 350 °F. Préparer un moule à gâteau rectangulaire avec un enduit à cuisson puis réserver.
i) Mélangez le mélange à gâteau, le beurre et un œuf dans un bol jusqu'à obtenir une consistance friable. Pressez le mélange au fond du moule préparé, puis réservez.
j) Dans un autre bol, mélanger le lait, l'œuf restant, l'extrait, les noix et les morceaux de caramel.
k) Bien mélanger et verser sur le fond du moule. Cuire au four pendant 35 minutes.

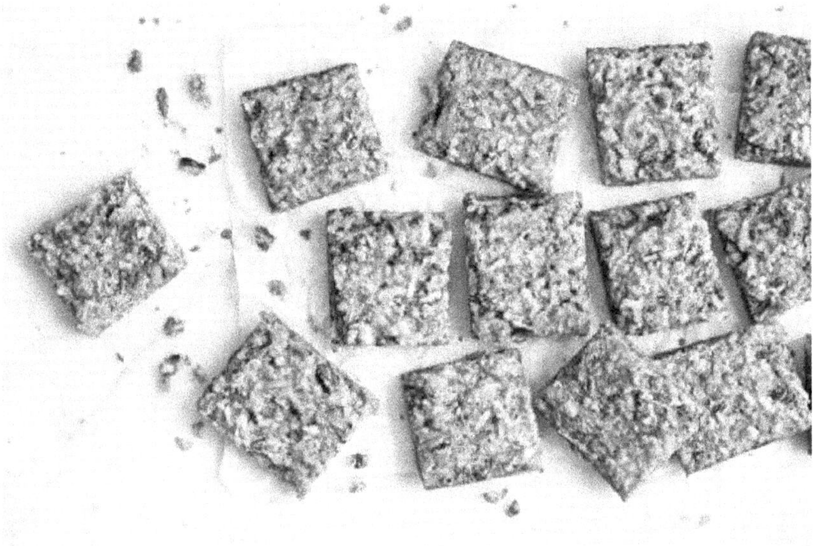

9. Barres aux noix de pécan chroniques

INGRÉDIENTS

- 2 tasses de moitiés de noix de pécan
- 1 tasse de farine de manioc
- 1/2 tasse de farine de graines de lin dorées
- 1/2 tasse de noix de coco râpée non sucrée
- 1/2 tasse d'huile de coco de Cana
- 1/4 tasse de miel
- 1/4 c. à thé de stévia liquide

INSTRUCTIONS

16. Mesurez 2 tasses de moitiés de noix de pécan et faites-les cuire au four pendant 6 à 8 minutes à 350 °F. Juste assez pour qu'elles commencent à devenir aromatiques.
17. Retirez les noix de pécan du four, puis mettez-les dans un sac en plastique. Utilisez un rouleau à pâtisserie pour les écraser en morceaux. La consistance n'a pas vraiment d'importance,
18. Mélangez les ingrédients secs dans un bol : 1 tasse de farine de manioc, 1/2 tasse de farine de graines de lin dorées et 1/2 tasse de noix de coco râpée non sucrée.
19. Ajoutez les noix de pécan concassées dans le bol et mélangez à nouveau.
20. Enfin, ajoutez 1/2 tasse d'huile de coco Cana, 1/4 tasse de miel et 1/4 c. à thé de stévia liquide. Mélangez bien le tout jusqu'à ce qu'une pâte friable se forme.
21. Pressez la pâte dans un plat à gratin.
22. Cuire au four pendant 20 à 25 minutes à 350 °F ou jusqu'à ce que les bords soient légèrement dorés.
23. Retirer du four, laisser refroidir partiellement et réfrigérer pendant au moins 1 heure.
24. Couper en 12 tranches et retirer à l'aide d'une spatule.

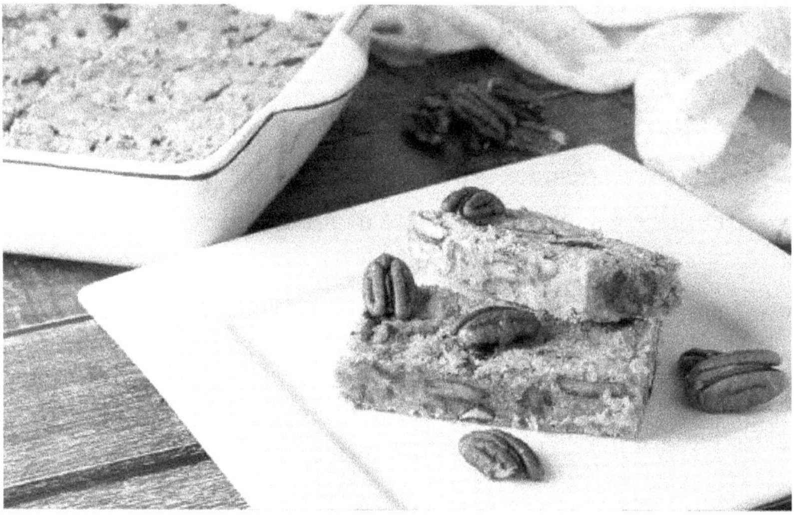

16. Carrés de chia au beurre d'amande

INGRÉDIENTS
- 1/2 tasse d'amandes crues
- 1 cuillère à soupe + 1 cuillère à café d'huile de coco
- c. à soupe. Érythritol NOW
- 2 cuillères à soupe de beurre
- 1/4 tasse de crème épaisse
- 1/4 c. à thé de stévia liquide
- 1 1/2 c. à thé d'extrait de vanille

INSTRUCTIONS
4. Ajoutez 1/2 tasse d'amandes crues dans une poêle et faites-les griller pendant environ 7 minutes à feu moyen-doux. Juste assez pour que vous commenciez à sentir le goût de noisette qui en ressort.
5. Ajoutez les noix dans le robot culinaire et broyez-les.
6. Une fois qu'ils atteignent une consistance farineuse, ajoutez 2 cuillères à soupe d'érythritol NOW et 1 cuillère à café d'huile de coco.
7. Continuez à broyer les amandes jusqu'à ce que le beurre d'amande se forme et soit doré.
8. Une fois le beurre doré, ajoutez 1/4 tasse de crème épaisse, 2 c. à soupe d'érythritol NOW, 1/4 c. à thé de stévia liquide et 1 1/2 c. à thé d'extrait de vanille au beurre. Baissez le feu et remuez bien pendant que la crème bouillonne.
9. Broyez 1/4 tasse de graines de chia dans un moulin à épices jusqu'à ce qu'une poudre se forme.
10. Commencez à griller les graines de chia et 1/2 tasse de flocons de noix de coco râpés non sucrés dans une poêle à feu moyen-doux. Vous voulez que la noix de coco soit légèrement dorée.

11. Ajoutez le beurre d'amandes au mélange de beurre et de crème épaisse et mélangez bien. Laissez cuire jusqu'à obtenir une pâte.
12. Dans un plat de cuisson carré (ou de la taille souhaitée), ajoutez le mélange de beurre d'amande, le mélange de chia grillé et de noix de coco et 1/2 tasse de crème de noix de coco. Vous pouvez ajouter la crème de noix de coco dans une casserole pour la faire fondre légèrement avant de l'ajouter.
13. Ajoutez 1 cuillère à soupe d'huile de coco et 2 cuillères à soupe de farine de coco et mélangez bien le tout.
14. À l'aide de vos doigts, tassez bien le mélange dans le plat de cuisson.
15. Laissez refroidir le mélange au réfrigérateur pendant au moins une heure, puis sortez-le du plat de cuisson. Il devrait maintenant conserver sa forme.
16. Coupez le mélange en carrés ou en toute forme que vous souhaitez et remettez-le au réfrigérateur pendant au moins quelques heures supplémentaires. Vous pouvez utiliser l'excédent de mélange pour former plus de carrés, mais je l'ai mangé à la place.
17. Emportez-le et grignotez-le selon vos envies !

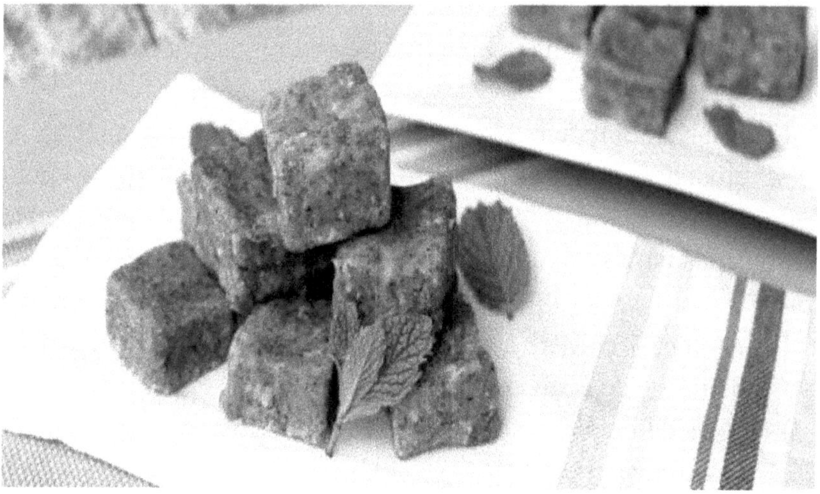

16. Pépites de graines de chia

INGRÉDIENTS
- 2 cuillères à soupe d'huile de coco
- 1/2 tasse de graines de chia moulues
- 3 oz de fromage cheddar râpé
- 1 1/4 tasse d'eau glacée
- 2 cuillères à soupe de poudre de cosses de psyllium
- 1/4 c. à thé de gomme xanthane
- 1/4 c. à thé de poudre d'ail
- 1/4 c. à thé de poudre d'oignon
- 1/4 c. à thé d'origan
- 1/4 c. à thé de paprika
- 1/4 c. à thé de sel
- 1/4 c. à thé de poivre

INSTRUCTIONS

5. Préchauffer le four à 375°F. Broyer 1/2 tasse de graines de chia dans un moulin à épices. Vous voulez une texture semblable à celle d'un repas.
6. Ajoutez les graines de chia moulues, 2 c. à soupe de poudre de cosses de psyllium, 1/4 c. à thé de gomme xanthane, 1/4 c. à thé de poudre d'ail, 1/4 c. à thé de poudre d'oignon, 1/4 c. à thé d'origan, 1/4 c. à thé de paprika, 1/4 c. à thé de sel et 1/4 c. à thé de poivre dans un bol. Mélangez bien le tout.
7. Ajoutez 2 cuillères à soupe d'huile de coco aux ingrédients secs et mélangez le tout. Le mélange doit avoir la consistance d'un sable mouillé.
8. Ajoutez 1 1/4 tasse d'eau glacée dans le bol. Mélangez bien le tout. Vous devrez peut-être passer plus de temps à mélanger le tout car les graines de chia et le psyllium prennent un peu de temps à absorber l'eau. Continuez à mélanger jusqu'à ce qu'une pâte solide se forme.

9. Râpez 3 oz de fromage cheddar et ajoutez-le dans le bol.
10. Pétrissez la pâte à la main. Elle doit être relativement sèche et non collante à la fin.
11. Déposez la pâte sur un silpat et laissez reposer quelques minutes.
12. Étalez ou roulez la pâte finement de manière à ce qu'elle recouvre entièrement le silpat. Si vous pouvez l'affiner, continuez à l'étaler et gardez l'excédent pour une deuxième cuisson.
13. Cuire au four pendant 30 à 35 minutes jusqu'à ce qu'ils soient cuits.
14. Sortez-les du four et, pendant qu'ils sont chauds, coupez-les en craquelins individuels.
15. Vous pouvez utiliser soit le bord émoussé d'un couteau (ne coupez pas le silicone), soit une grande spatule.
16. Remettez les craquelins au four pendant 5 à 7 minutes sous le gril ou jusqu'à ce que le dessus soit doré et bien croustillant. Retirez-les du four et placez-les sur une grille pour les laisser refroidir. En refroidissant, ils deviennent plus croustillants.
17. Servez avec vos sauces préférées. J'utilise mon aïoli à l'ail rôti et au chipotle.

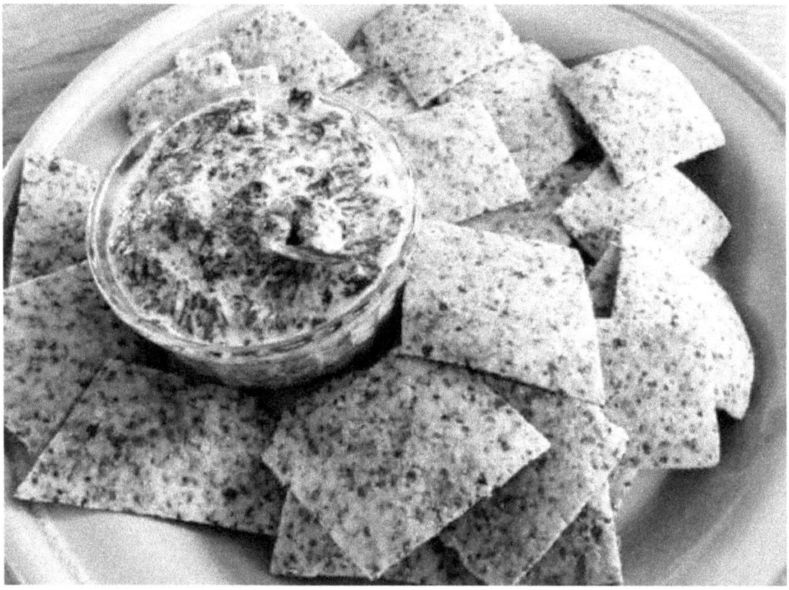

18. Barres protéinées au chocolat et aux noix

Portions : 12 barres Temps de préparation : 1 heure

Ingrédients:
- Beurre de noix 100 % pur, 250 g
- Graines d'acacia grillées, 1 ½ cuillère à café
- Yaourt nature sans matière grasse, 110 g
- Poudre de protéines de lactosérum 100 % naturelle, 100 g
- Cannelle, 1 ½ cuillère à café
- Fèves de cacao crues, 4 cuillères à café
- Chocolat noir 85%, 100 g
- Extrait de vanille pur, 1 cuillère à soupe
- 100% poudre de protéines de pois, 30 g

Méthode:
e) Ajoutez tous les ingrédients sauf le chocolat dans le robot culinaire et mixez jusqu'à obtenir une consistance lisse.
f) Préparez 12 barres avec le mélange et placez-les au réfrigérateur pendant 30 minutes.
g) Lorsque les barres sont fermes, faites fondre le chocolat au micro-ondes et trempez chaque barre dedans pour bien l'enrober.
h) Disposer les barres enrobées sur une plaque tapissée et réfrigérer à nouveau pendant 30 minutes ou jusqu'à ce que le chocolat soit ferme.
i) Apprécier.

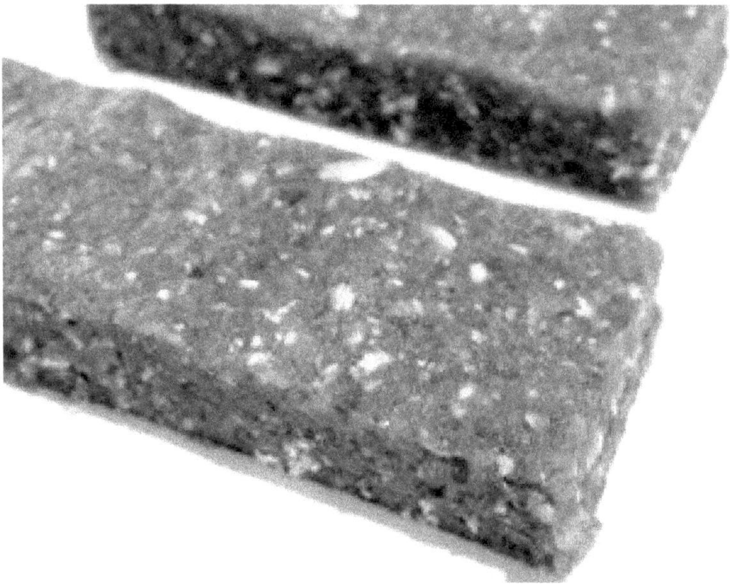

19. Barres protéinées au chocolat allemand

Portions : 12 barres
Temps de préparation : 2 heures 20 minutes

Ingrédients:
- Avoine, 1 tasse
- Noix de coco râpée, ½ tasse + ¼ tasse, divisée
- Poudre de protéines de soja, ½ tasse
- Pacanes, ½ tasse + ¼ tasse, hachées, divisées
- Eau, jusqu'à ¼ tasse
- Poudre de cacao, ¼ tasse
- Extrait de vanille, 1 cuillère à café
- Pépites de cacao, 2 cuillères à soupe
- Sel, ¼ cuillère à café
- Dattes Medjool, 1 tasse, dénoyautées et trempées pendant 30 minutes

Méthode:

i) Transformez les flocons d'avoine en farine fine, puis ajoutez la poudre de cacao et la poudre de protéines et mélangez à nouveau.

j) Pendant ce temps, égouttez les dattes et ajoutez-les au robot culinaire. Mixez pendant 30 secondes, puis ajoutez ½ tasse de noix de coco râpée et ½ tasse de noix de pécan, puis du sel et de la vanille.

k) Mélangez à nouveau en ajoutant de l'eau petit à petit et formez une pâte.

l) Placez la pâte dans un grand bol et ajoutez le reste des pacanes et de la noix de coco, puis les éclats de cacao.

m) Déposez la pâte sur du papier sulfurisé et recouvrez-la d'un autre papier sulfurisé et formez un carré épais.

n) Réfrigérer pendant 2 heures, puis retirer le papier sulfurisé et couper en 12 barres de la longueur souhaitée.

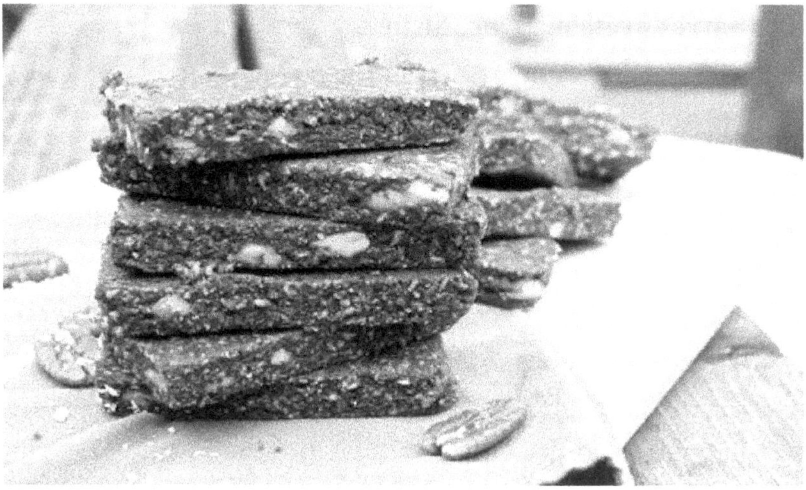

20. Barres protéinées aux bleuets

Ingrédients:
- Flocons d'avoine 100 % purs et non contaminés, 1 + ½ tasse
- Pépites de maïs, 1/3 tasse
- Amandes entières, ¾ tasse
- Compote de pommes non sucrée ¼ tasse
- Myrtilles séchées, ½ tasse comble
- Graines de tournesol, ¼ tasse
- Beurre d'amandes, 1 tasse
- Sirop d'érable, 1/3 tasse
- Noix de Grenoble, 1/3 tasse
- Pistaches, ½ tasse
- Graines de lin moulues, 1/3 tasse

Méthode:

p) Tapisser un moule à pâtisserie de papier sulfurisé et réserver.
q) Dans un grand bol, mélanger les flocons d'avoine, les amandes, les graines de tournesol, les baies séchées, les noix, les pistaches, les graines de lin et les pépites.
r) Verser la compote de pommes et le sirop d'érable sur le dessus et bien mélanger.
s) Ajoutez maintenant le beurre et mélangez bien.
t) Transférez la pâte dans le moule et égalisez-la sur le dessus.
u) Laissez congeler pendant une heure. Lorsque le mélange est complètement pris, retournez-le sur le comptoir.
v) Coupez-les en 16 barres selon l'épaisseur et la longueur souhaitées.

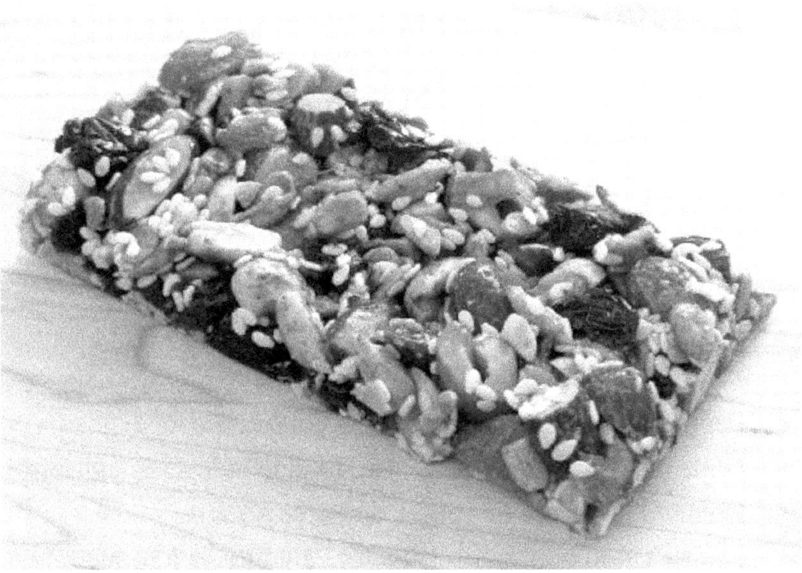

21. Barres protéinées aux pépites de chocolat et au beurre de cacahuète

Ingrédients:
- Farine de noix de coco, ¼ tasse
- Crème de stévia à la vanille, 1 cuillère à café
- Farine d'arachide, 6 cuillères à soupe
- Extrait de vanille, 1 cuillère à café
- Sel, ¼ cuillère à café
- Pépites de chocolat miniatures, 1 cuillère à soupe
- Huile de coco, 1 cuillère à café, fondue et légèrement refroidie
- Isolat de protéines de soja, 6 cuillères à soupe
- Lait de cajou non sucré, ½ tasse + 2 cuillères à soupe

Méthode:

h) Tapisser un moule à cake de papier sulfurisé. Réserver.
i) Mélanger les deux farines avec les protéines de soja et le sel.
j) Dans un autre bol, mélangez le lait de coco avec la stévia, le lait de cajou et la vanille. Versez ce mélange progressivement dans le mélange de farine et fouettez bien pour bien mélanger.
k) Ajoutez maintenant ½ pépites de chocolat et incorporez-les délicatement au mélange.
l) Transférer le mélange dans le moule à pain préparé et étaler uniformément à l'aide d'une spatule.
m) Recouvrir du reste des pépites de chocolat et mettre au congélateur pendant 3 heures.
n) Couper en tranches selon l'épaisseur et la longueur désirées.

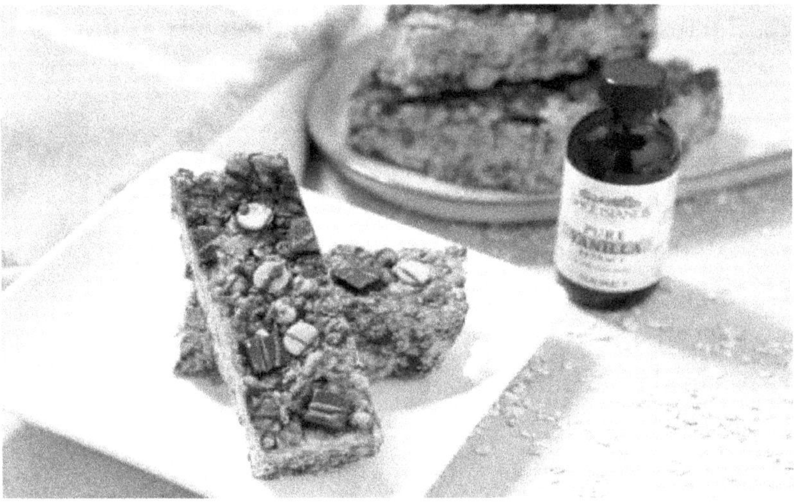

22. Barres protéinées crues à la citrouille et aux graines de chanvre

Ingrédients:
- Dattes Medjool, ½ tasse, dénoyautées
- Extrait de vanille, ½ cuillère à café
- Graines de citrouille, ¼ tasse
- Sel, ¼ cuillère à café
- Cannelle, ½ cuillère à café
- Beurre de graines de chanvre, ½ tasse
- Noix de muscade, ¼ cuillère à café
- Eau, ¼ tasse
- Avoine crue, 2 tasses
- Graines de chia, 2 cuillères à soupe

Méthode:
g) Tapisser un moule à pâtisserie de papier sulfurisé et réserver. Faire tremper les dattes pendant 30 minutes puis mélanger jusqu'à obtenir une consistance lisse.
h) Transférez le mélange dans un bol et ajoutez le beurre de chanvre et mélangez bien.
i) Ajoutez maintenant le reste des ingrédients et incorporez délicatement pour bien les incorporer.
j) Transférer dans le moule et égaliser à l'aide d'une spatule.
k) Placer au réfrigérateur pendant 2 heures puis découper en 16 barres.

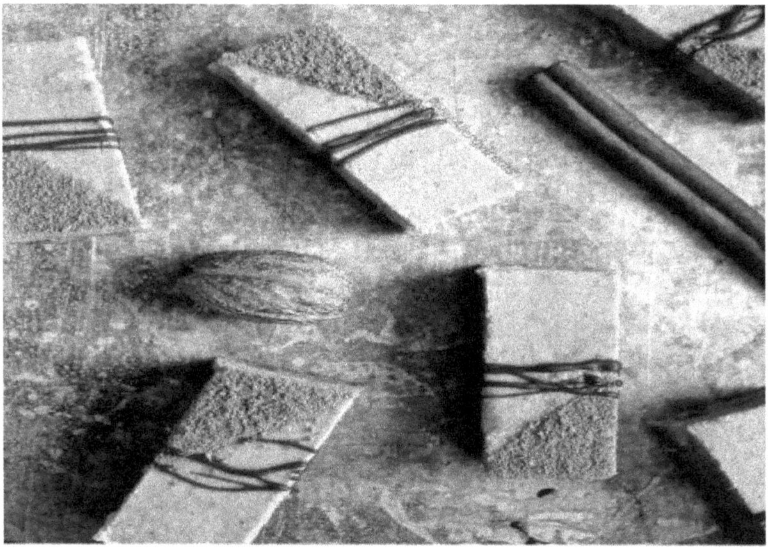

23. Barres protéinées croquantes au gingembre et à la vanille

Ingrédients:
- Beurre, 2 cuillères à soupe
- Avoine, 1 tasse
- Amandes crues, ½ tasse, hachées
- Lait de coco, ¼ tasse
- Noix de coco râpée, ¼ tasse
- Poudre de protéines (vanille), 2 cuillères
- Sirop d'érable, ¼ tasse
- Gingembre cristallisé, ½ tasse, haché
- Flocons de maïs, 1 tasse, écrasés en miettes volumineuses
Graines de tournesol, ¼ tasse

Méthode:
b) Faire fondre le beurre dans une casserole et ajouter le sirop d'érable. Bien mélanger.
c) Ajoutez le lait puis la poudre de protéines et mélangez bien. Lorsque le mélange prend une consistance lisse, éteignez le feu.
d) Dans un grand bol, ajoutez les graines de tournesol, les amandes, l'avoine, les flocons de maïs et ¾ de morceaux de gingembre.
e) Verser le mélange sur les ingrédients secs et bien mélanger.
f) Transférer dans un moule à pain préparé avec du papier ciré et étaler en une couche uniforme.
g) Recouvrir du reste de gingembre et de noix de coco. Cuire au four pendant 20 minutes à 325 °F. Laisser refroidir avant de trancher.

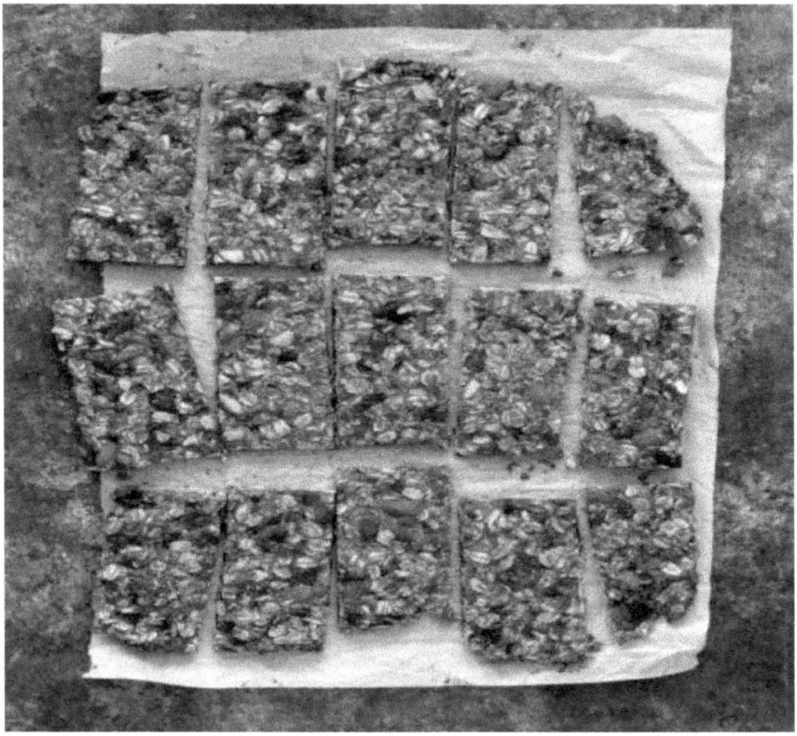

24. Barres de bretzel au beurre d'arachide

Ingrédients:
- Croustilles de soja, 5 tasses
- Eau, ½ tasse
- Mini bretzels torsadés, 6, hachés grossièrement
- Beurre de cacahuète en poudre, 6 cuillères à soupe
- Cacahuètes, 2 cuillères à soupe, hachées grossièrement
- Poudre de protéines de soja, 6 cuillères à soupe
- Chips de beurre de cacahuète, 2 cuillères à soupe, coupées en deux Agave, 6 cuillères à soupe

Méthode:

g) Vaporisez un plat de cuisson avec un enduit à cuisson et réservez.
h) Passez les chips de soja au robot culinaire et ajoutez-les dans un bol.
i) Ajoutez la poudre de protéines et mélangez.
j) Chauffer une casserole et ajouter l'eau, l'agave et le beurre en poudre. Remuer pendant la cuisson à feu moyen pendant 5 minutes. Laisser bouillir le mélange quelques secondes puis ajouter le mélange de soja en remuant constamment.
k) Transférez le mélange dans le moule préparé et garnissez de bretzels, de cacahuètes et de pépites de beurre de cacahuète.
l) Réfrigérer jusqu'à ce que la préparation soit ferme. Couper en barres et déguster.

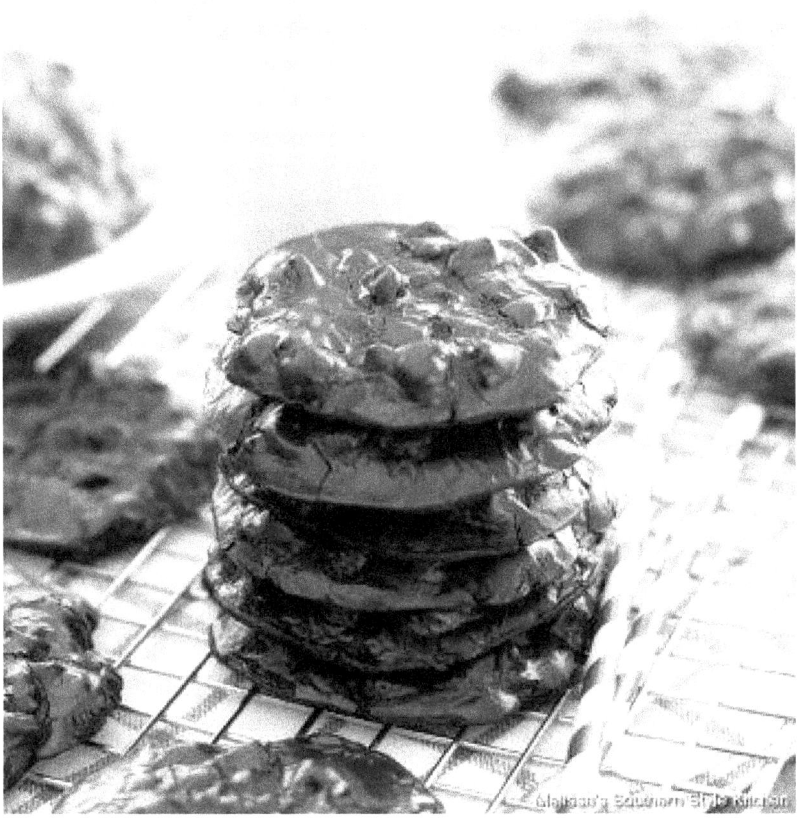

25. Barres protéinées aux canneberges et aux amandes

. Ingrédients:
- Amandes grillées au sel de mer, 2 tasses
- Flocons de noix de coco non sucrés, ½ tasse
- Céréales de riz soufflé, 2/3 tasses
- Extrait de vanille, 1 cuillère à café
- Canneberges séchées, 2/3 tasses
- Graines de chanvre, 1 cuillère à soupe bombée
- Sirop de riz brun, 1/3 tasse Miel, 2 cuillères à soupe

Méthode:

b) Mélangez les amandes avec les canneberges, les graines de chanvre, les céréales de riz et la noix de coco. Réservez.

c) Dans une casserole, ajouter le miel, puis la vanille et le sirop de riz. Remuer et laisser bouillir pendant 5 minutes.

d) Versez la sauce sur les ingrédients secs et remuez rapidement pour mélanger.

e) Transférer le mélange sur une plaque à pâtisserie préparée et étaler en une couche uniforme.

f) Réfrigérer 30 minutes.

g) Une fois qu'ils sont prêts, coupez-les en barres de la taille souhaitée et dégustez.

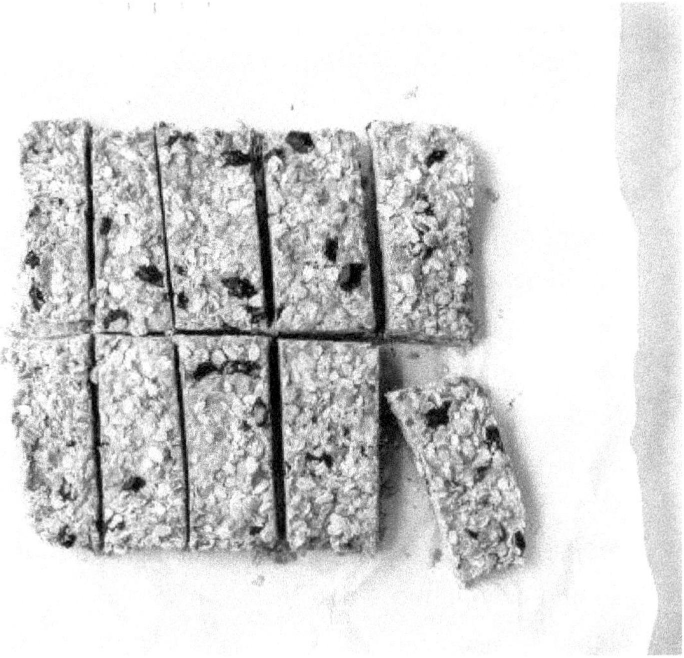

26. Barres protéinées au triple chocolat

Ingrédients:
- Farine d'avoine, 1 tasse
- Bicarbonate de soude, ½ cuillère à café
- Lait d'amande, ¼ tasse
- Poudre de protéines de lactosérum au chocolat, 1 mesure
- Mélange de stévia pour pâtisserie, ¼ tasse
- Farine d'amande, ¼ tasse
- Pépites de chocolat noir, 3 cuillères à soupe
- Sel, ¼ cuillère à café
- Noix, 3 cuillères à soupe, hachées
- Poudre de cacao noir non sucré, 3 cuillères à soupe
- Compote de pommes non sucrée, 1/3 tasse
- Oeuf, 1
- Yaourt grec nature, ¼ tasse
- Blancs d'œufs liquides, 2 cuillères à soupe
- Poudre de protéine de lactosérum à la vanille, 1 mesure

Méthode:
f) Préchauffer le four à 350 °F.
g) Graisser un plat à four avec un enduit à cuisson et réserver.
h) Dans un grand bol, mélanger les deux farines avec le sel, le bicarbonate de soude, les deux poudres protéinées et la poudre de cacao noir. Réserver.
i) Dans un autre bol, fouettez les œufs avec la stévia et fouettez jusqu'à ce que le tout soit bien mélangé, puis ajoutez le reste des ingrédients humides et fouettez à nouveau.
j) Incorporer progressivement le mélange humide au mélange sec et bien fouetter pour mélanger.
k) Ajoutez les noix et les pépites de chocolat, incorporez-les délicatement.

l) Transférer le mélange dans le moule préparé et cuire au four pendant 25 minutes.
m) Laisser refroidir avant de retirer de la poêle et de trancher

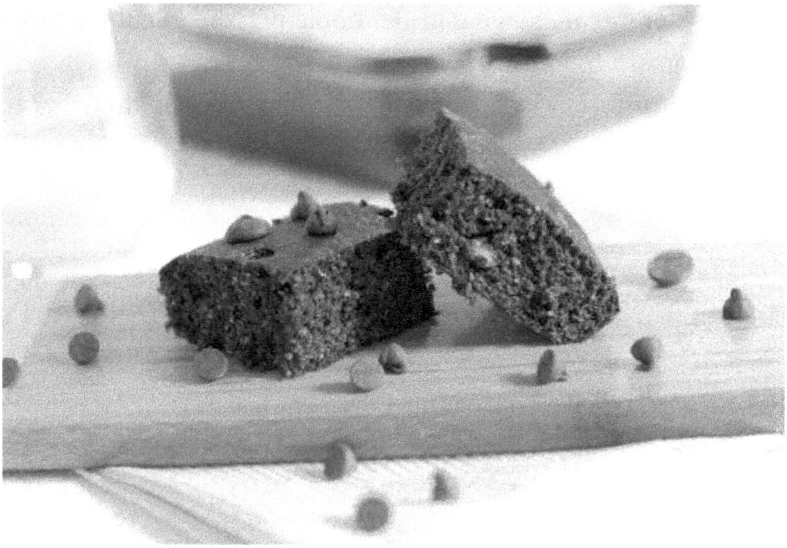

27. Barres Framboise-Chocolat

Ingrédients:
- Beurre d'arachide ou d'amande, ½ tasse
- Graines de lin, ¼ tasse
- Agave bleu, 1/3 tasse
- Poudre de protéines au chocolat, ¼ tasse
- Framboises, ½ tasse
- Flocons d'avoine instantanés, 1 tasse

Méthode:
d) Mélangez le beurre de cacahuète avec l'agave et faites cuire à feu doux en remuant constamment.
e) Lorsque le mélange forme une texture lisse, ajoutez-le à l'avoine, aux graines de lin et aux protéines. Mélangez bien.
f) Ajoutez les framboises et incorporez délicatement.
g) Transférez la pâte dans le moule préparé et congelez pendant une heure.
h) Coupez-les en 8 barres lorsqu'elles sont fermes et dégustez.

28. Barres de pâte à biscuits au beurre d'arachide

Ingrédients:
- Flocons d'avoine, ¼ tasse
- Beurre de cacahuète, 3 cuillères à soupe
- Poudre de protéines, ½ tasse
- Sel, une pincée
- Dattes Medjool grosses, 10
- Noix de cajou crues, 1 tasse
- Sirop d'érable, 2 cuillères à soupe Cacahuètes entières, pour la garniture

Méthode:
u) Passez les flocons d'avoine au robot culinaire pour les transformer en farine fine.
v) Ajoutez maintenant tous les ingrédients sauf les cacahuètes entières et mixez jusqu'à obtenir une consistance lisse.
w) Goûtez et faites les ajustements que vous souhaitez.
x) Transférez le mélange dans un moule à cake et garnissez de cacahuètes entières.

y) Réfrigérer pendant 3 heures. Lorsque le mélange est ferme, placez-le sur le comptoir de la cuisine et coupez-le en 8 barres de la longueur souhaitée.

29. Barres protéinées au muesli

Ingrédients:
- Lait d'amande non sucré, ½ tasse
- Miel, 3 cuillères à soupe
- Quinoa, ¼ tasse, cuit
- Graines de chia, 1 cuillère à café
- Farine, 1 cuillère à soupe
- Poudre de protéines au chocolat, 2 cuillères
- Pépites de chocolat, ¼ tasse
- Cannelle, ½ cuillère à café
- Banane mûre, ½, écrasée
- Amandes, ¼ tasse, tranchées
- Muesli, 1 ½ tasse, de votre marque préférée

Méthode:

j) Préchauffer le four à 350 °F.
k) Mélangez le lait d'amande avec la purée de banane, les graines de chia et le miel dans un bol moyen et réservez.
l) Dans un autre bol, mélanger le reste des ingrédients et bien mélanger.
m) Versez maintenant le mélange de lait d'amande sur les ingrédients secs et mélangez bien le tout.
n) Transférez la pâte dans un moule et faites cuire au four pendant 20 à 25 minutes.
o) Laisser refroidir avant de démouler et de trancher.

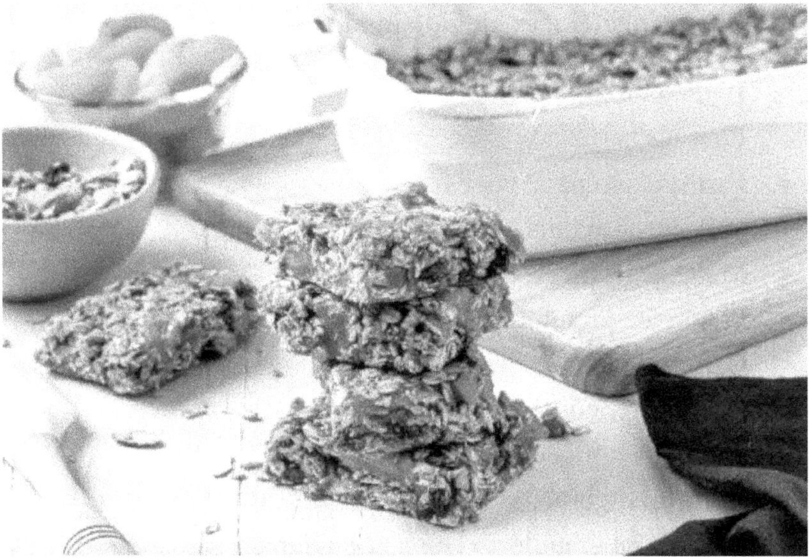

30. Barres protéinées au gâteau aux carottes

Ingrédients:

Pour les barres :
- Farine d'avoine, 2 tasses
- Lait sans produits laitiers, 1 cuillère à soupe
- Mélange d'épices, 1 cuillère à café
- Poudre de protéines à la vanille, ½ tasse
- Carottes, ½ tasse, écrasées
- Cannelle, 1 cuillère à soupe
- Farine de noix de coco, ½ tasse, tamisée
- Sirop de riz brun, ½ tasse
- Édulcorant granulé au choix, 2 cuillères à soupe
- Beurre d'amandes, ¼ tasse

Pour le glaçage :
- Poudre de protéines à la vanille, 1 mesure
- Lait de coco, 2-3 cuillères à soupe
- Fromage à la crème, ¼ tasse

Méthode:

f) Pour préparer des barres protéinées, mélangez la farine avec un mélange d'épices, de la poudre de protéines, de la cannelle et un édulcorant.

g) Dans un autre bol, mélanger le beurre avec l'édulcorant liquide et passer au micro-ondes pendant quelques secondes jusqu'à ce qu'il soit fondu.

h) Transférez ce mélange dans le bol de farine et mélangez bien.

i) Ajoutez maintenant les carottes et mélangez délicatement.

j) Ajoutez ensuite progressivement le lait en remuant constamment jusqu'à obtenir la consistance souhaitée.

k) Transférer dans un plat préparé et réfrigérer pendant 30 minutes.

l) Pendant ce temps, préparez le glaçage et mélangez la poudre de protéines avec le fromage à la crème.
m) Ajouter progressivement le lait et bien mélanger pour obtenir la texture désirée.
n) Lorsque le mélange est pris, coupez-le en barres de la longueur souhaitée et étalez le glaçage sur chaque barre.

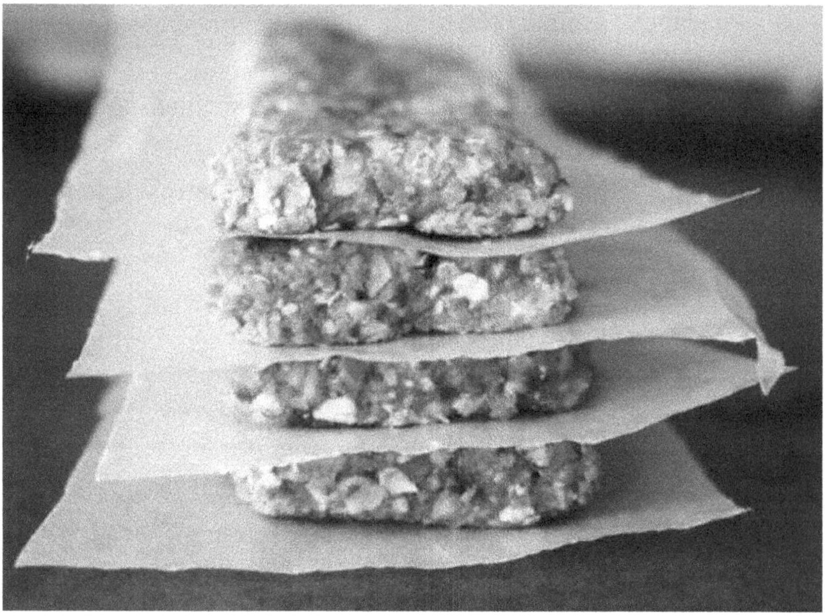

31. Barres à l'orange et aux baies de Goji

Ingrédients:
- Poudre de protéine de lactosérum à la vanille, ½ tasse
- Écorce d'orange, 1 cuillère à soupe, râpée
- Amandes moulues, ¾ tasse
- Chocolat noir 85%, 40 g, fondu
- Lait de coco, ¼ tasse
- Farine de noix de coco, ¼ tasse
- Poudre de chili, 1 cuillère à café
- Essence de vanille, 1 cuillère à soupe
- Baies de Goji, ¾ tasse

Méthode:

g) Mélanger la poudre de protéines avec la farine de noix de coco dans un bol.
h) Ajoutez les ingrédients restants au mélange de farine.
i) Remuez le lait et mélangez bien.
j) Former des barres à partir de la pâte et les disposer sur une plaque.
k) Faites fondre le chocolat et laissez-le refroidir quelques minutes, puis trempez chaque barre dans le chocolat fondu et disposez-la sur la plaque à pâtisserie.
l) Réfrigérer jusqu'à ce que le chocolat soit complètement ferme.
m) Apprécier.

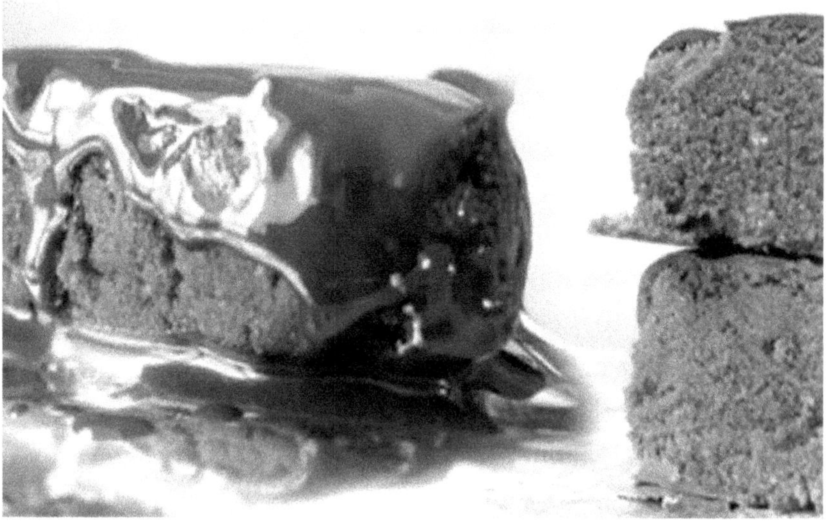

32. Barre protéinée aux fraises mûres

Ingrédients:
- Fraises lyophilisées, 60 g
- Vanille, ½ cuillère à café
- Noix de coco râpée non sucrée, 60 g
- Lait d'amande non sucré, 60 ml
- Poudre de protéines de lactosérum sans saveur, 60 g Chocolat noir, 80 g

Méthode:
j) Mixez les fraises séchées jusqu'à ce qu'elles soient moulues, puis ajoutez le lactosérum, la vanille et la noix de coco. Mixez à nouveau jusqu'à obtenir un mélange finement moulu.

k) Incorporer le lait au mélange et mélanger jusqu'à ce que tout soit bien incorporé.

l) Tapissez un moule à cake de papier sulfurisé et transférez-y le mélange.

m) Utilisez une spatule pour répartir uniformément le mélange.

n) Réfrigérer jusqu'à ce que le mélange soit pris.

o) Faites chauffer le chocolat noir au micro-ondes pendant 30 secondes. Remuez bien jusqu'à ce qu'il soit lisse et complètement fondu.

p) Laissez refroidir légèrement le chocolat et pendant ce temps, coupez le mélange de fraises en huit barres de l'épaisseur souhaitée.

q) Trempez maintenant chaque barre une à une dans le chocolat et enrobez-la bien.

r) Disposer les barres enrobées sur une plaque à pâtisserie. Une fois toutes les barres enrobées, les réfrigérer jusqu'à ce que le chocolat soit pris et ferme.

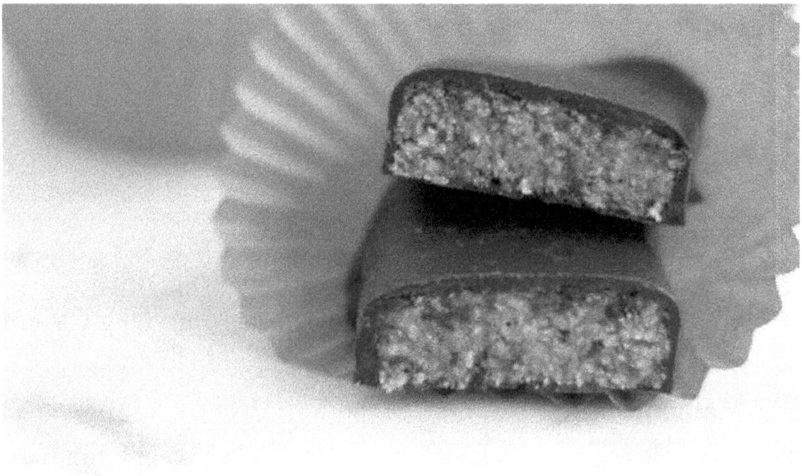

33. Barres protéinées au moka

Ingrédients:
- Farine d'amandes, 30 g
- Farine de noix de coco, 30 g
- Espresso, 60 g, fraîchement préparé et refroidi
- Isolat de protéines de lactosérum sans saveur, 60 g
- Sucre de coco, 20 g
- Poudre de cacao non sucrée, 14 g
- Chocolat noir avec 70% à 85% de cacao, 48 g

Méthode:

d) Mélanger tous les ingrédients secs ensemble.
e) Remuez l'expresso et fouettez bien pour mélanger sans laisser de grumeaux.
f) À ce stade, le mélange se transformera en une boule lisse.
g) Divisez-la en six morceaux de taille égale et formez chaque morceau en barre. Disposez les barres sur une plaque et couvrez-la de film plastique. Réfrigérez pendant une heure.
h) Une fois les barres prises, faites chauffer le chocolat noir au micro-ondes et remuez jusqu'à ce qu'il soit fondu.
i) Enrober chaque barre de chocolat fondu et disposer sur une plaque à pâtisserie recouverte de cire.
j) Versez le reste du chocolat sur le dessus en formant un tourbillon et réfrigérez à nouveau jusqu'à ce que le chocolat soit ferme.

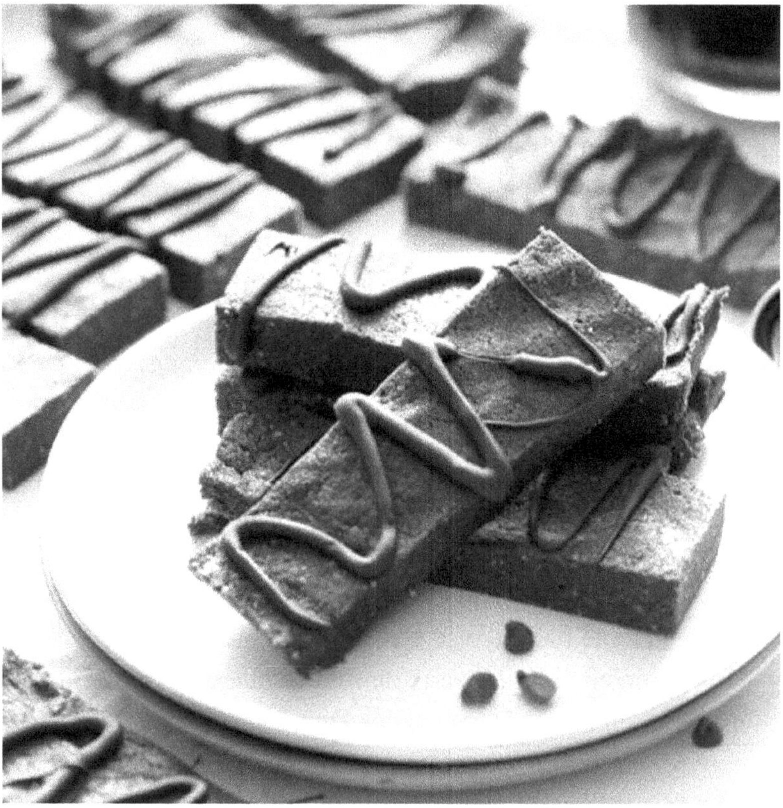

34. Barres protéinées à la banane et au chocolat

Ingrédients:
- Banane lyophilisée, 40g
- Lait d'amande, 30 ml
- Isolat de protéines en poudre à saveur de banane, 70 g
- 100% beurre de cacahuète, 25 g
- Flocons d'avoine sans gluten, 30 g
- 100% chocolat, 40 g
- Édulcorant, au goût

Méthode:

f) Broyez la banane dans un robot culinaire. Ajoutez ensuite la poudre de protéines et l'avoine, mixez à nouveau jusqu'à obtenir une poudre fine.
g) Remuez le reste des ingrédients, sauf le chocolat, et mixez à nouveau jusqu'à obtenir une consistance lisse.
h) Transférer le mélange dans un moule à cake tapissé et couvrir d'une pellicule plastique. Réfrigérer jusqu'à ce que le mélange soit ferme.
i) Lorsque les barres sont prêtes, coupez-les en quatre.
j) Faites ensuite fondre le chocolat au micro-ondes et laissez-le refroidir légèrement avant d'y plonger chaque barre de banane. Enrobez bien les barres et placez-les à nouveau au réfrigérateur jusqu'à ce que le chocolat soit ferme.

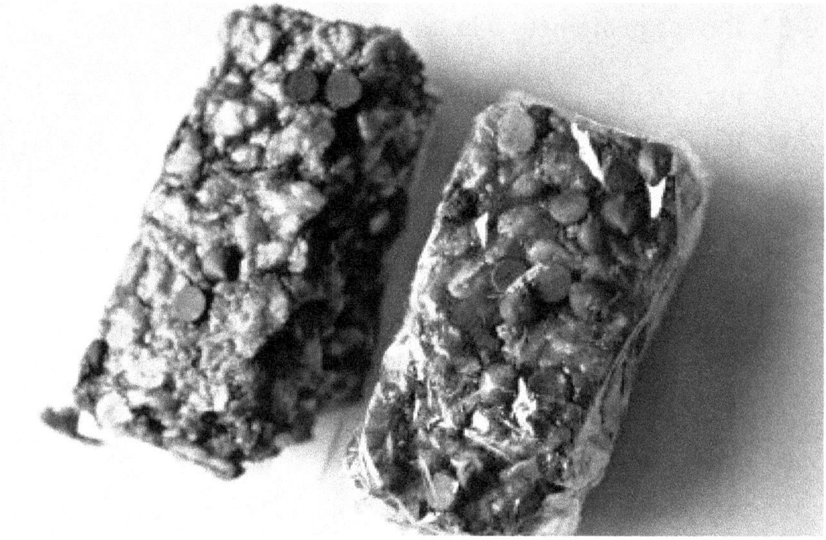

35. Barres crues célestes

Ingrédients:
- Lait de coco, 2 cuillères à soupe
- Poudre de cacao non sucrée, selon les besoins
- Poudre de protéines, 1 ½ mesure
- Farine de graines de lin, 1 cuillère à soupe

Méthode:
a) Mélanger tous les ingrédients ensemble.
b) Graisser un moule à pâtisserie avec un spray de cuisson sans huile et y transférer la pâte.
c) Laissez reposer le mélange à température ambiante jusqu'à ce qu'il soit ferme.

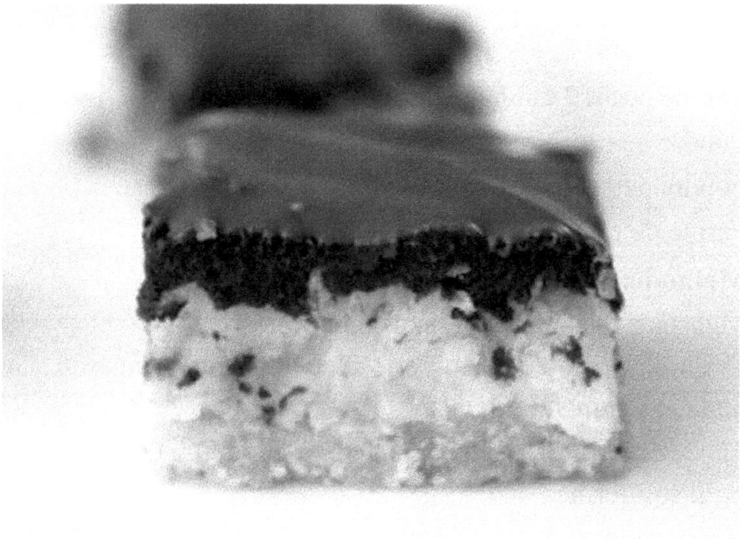

36. Barres Monstres

- 1/2 tasse de beurre ramolli
- 1 tasse de cassonade tassée
- 1 tasse de sucre
- 1-1/2 tasse de beurre d'arachide crémeux
- 3 œufs battus
- 2 c. à thé d'extrait de vanille
- 2 c. à thé de bicarbonate de soude
- 4-1/2 tasses de flocons d'avoine à cuisson rapide, non cuits
- 1 tasse de pépites de chocolat mi-sucré
- 1 c. de chocolats enrobés de bonbons

g) Dans un grand bol, mélanger tous les ingrédients dans l'ordre indiqué. Étaler la pâte dans un moule à gâteau roulé graissé de 15" x 10".
h) Cuire au four à 350 degrés pendant 15 minutes ou jusqu'à ce qu'ils soient légèrement dorés.
i) Laissez refroidir et coupez en barres. Donne environ 1-1/2 douzaine.

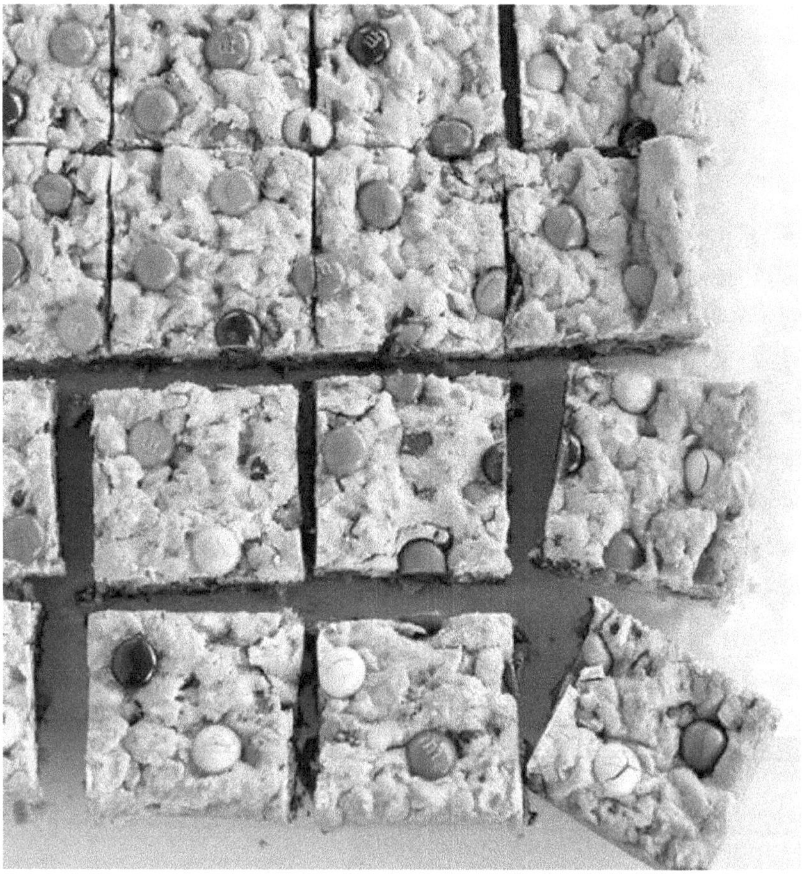

37. Barres croustillantes aux bleuets

- 1-1/2 tasse de sucre, divisé
- 3 tasses de farine tout usage
- 1 c. à thé de levure chimique
- 1/4 c. à thé de sel
- 1/8 c. à thé de cannelle
- 1 tasse de shortening
- 1 œuf battu
- 1 c. à soupe de fécule de maïs
- 4 tasses de bleuets

a) Mélangez une tasse de sucre, la farine, la levure chimique, le sel et la cannelle.
b) Utilisez un coupe-pâte ou une fourchette pour couper le shortening et l'œuf ; la pâte sera friable.
c) Versez la moitié de la pâte dans un moule à pâtisserie graissé de 13" x 9" ; réservez.
d) Dans un bol séparé, mélanger la fécule de maïs et le reste du sucre ; incorporer délicatement les baies.
e) Répartir uniformément le mélange de bleuets sur la pâte dans le moule.
f) Émietter le reste de pâte sur le dessus. Cuire au four à 190°C pendant 45 minutes ou jusqu'à ce que le dessus soit légèrement doré. Laisser refroidir complètement avant de couper en carrés. Donne une douzaine.

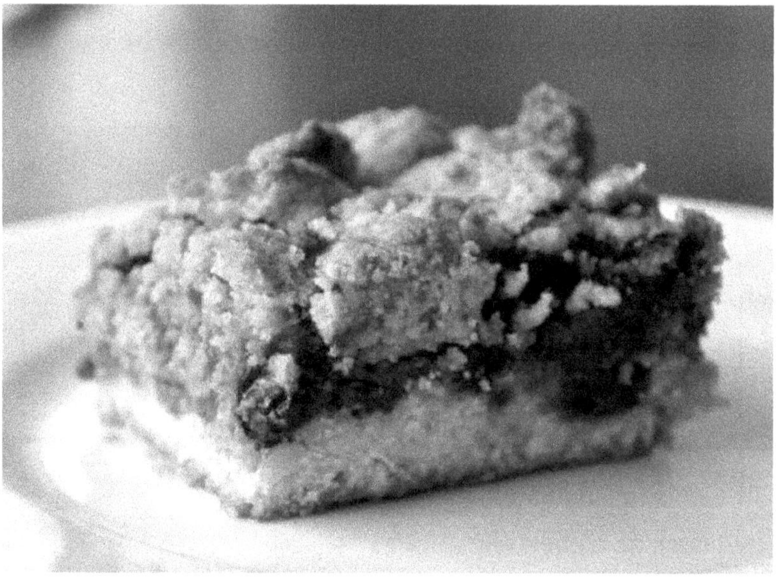

38. Barres de gomme

- 1/2 tasse de beurre fondu
- 1/2 c. à thé de levure chimique
- 1-1/2 tasse de cassonade tassée
- 1/2 c. à thé de sel
- 2 œufs battus
- 1/2 tasse de noix hachées
- 1-1/2 tasse de farine tout usage
- 1 tasse de pastilles de gomme hachées
- 1 c. à thé d'extrait de vanille
- Garniture : sucre glace

f) Dans un grand bol, mélanger tous les ingrédients sauf le sucre en poudre.

g) Étalez la pâte dans un moule à pâtisserie graissé et fariné de 13" x 9". Faites cuire au four à 350 degrés pendant 25 à 30 minutes, jusqu'à ce qu'elle soit dorée.

h) Saupoudrer de sucre glace. Laisser refroidir et couper en barres. Donne 2 douzaines.

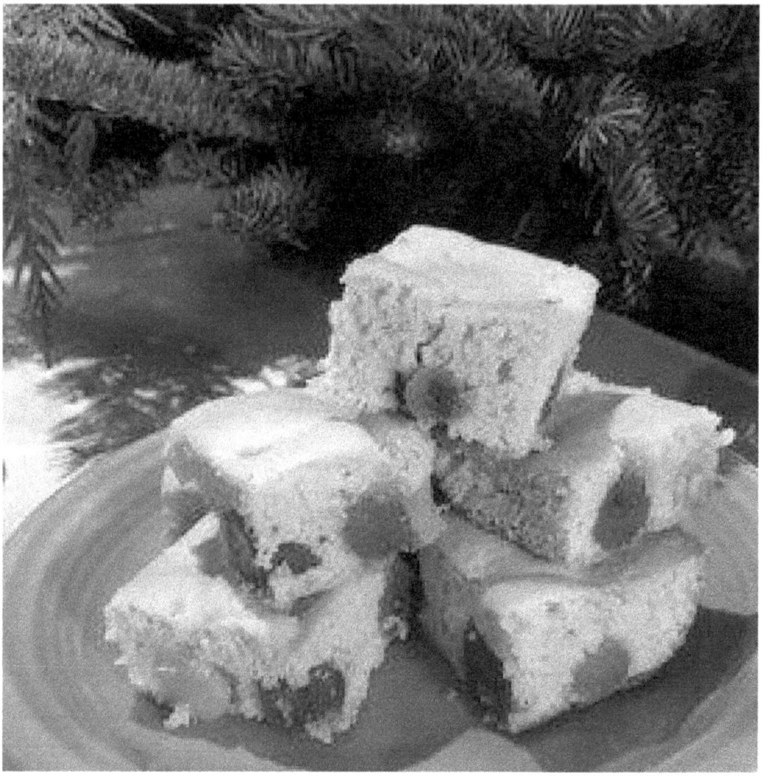

39. Barres roulées aux noix salées

- Paquet de 18-1/2 oz de mélange à gâteau jaune
- 3/4 tasse de beurre, fondu et divisé
- 1 œuf battu
- 3 c. de mini guimauves
- Paquet de 10 oz de pépites de beurre d'arachide
- 1/2 tasse de sirop de maïs léger
- 1 c. à thé d'extrait de vanille
- 2 tasses d'arachides salées
- 2 tasses de céréales de riz croustillantes

b) Dans un bol, mélanger le mélange à gâteau sec, 1/4 tasse de beurre et l'œuf; presser la pâte dans un moule à pâtisserie graissé de 13"x9". Cuire au four à 350 degrés pendant 10 à 12 minutes.

c) Saupoudrer les guimauves sur la croûte cuite; remettre au four et cuire pendant 3 minutes supplémentaires, ou jusqu'à ce que les guimauves soient fondues. Dans une casserole à feu moyen, faire fondre les pépites de beurre d'arachide, le sirop de maïs, le reste du beurre et la vanille.

d) Incorporer les noix et les céréales. Étaler le mélange de beurre d'arachide sur la couche de guimauve. Réfrigérer jusqu'à ce que le mélange soit ferme ; couper en carrés. Donne 2 douzaines et demie.

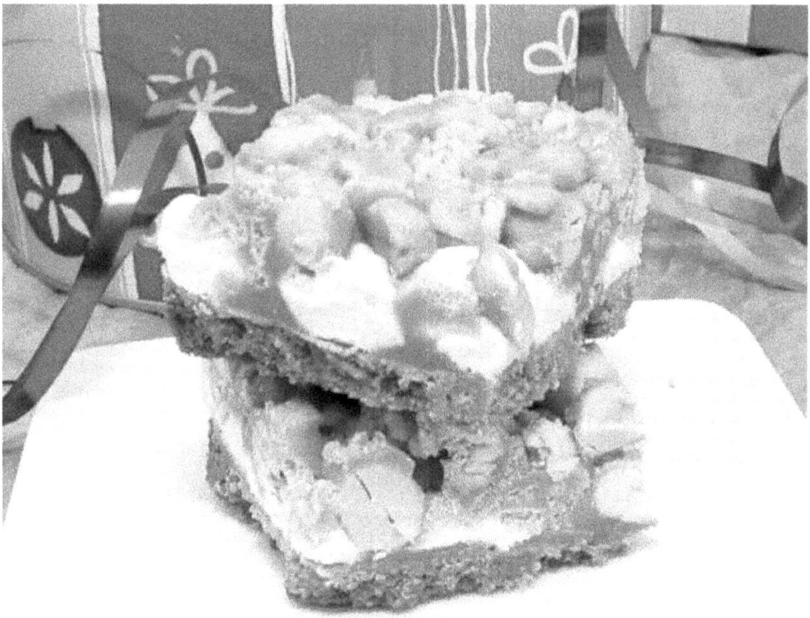

40. Barres aux cerises de la Forêt-Noire

- 3 boîtes de 21 oz de garniture pour tarte aux cerises, divisées
- Paquet de 18-1/2 oz de mélange à gâteau au chocolat
- 1/4 tasse d'huile
- 3 œufs battus
- 1/4 tasse de brandy aromatisé à la cerise ou de jus de cerise
- Paquet de 6 oz de pépites de chocolat mi-sucré
- Facultatif : garniture fouettée

f) Réfrigérer 2 boîtes de garniture pour tarte jusqu'à ce qu'elles soient bien froides. À l'aide d'un batteur électrique à basse vitesse, battre ensemble le reste de la boîte de garniture pour tarte, le mélange à gâteau sec, l'huile, les œufs et le brandy ou le jus de cerise jusqu'à ce que le tout soit bien mélangé.
g) Incorporer les pépites de chocolat.
h) Versez la pâte dans un moule à tarte de 13"x9" légèrement graissé. Faites cuire au four à 350 degrés pendant 25 à 30 minutes, jusqu'à ce qu'un cure-dent soit propre ; laissez refroidir. Avant de servir, étalez uniformément la garniture à tarte refroidie sur le dessus.
i) Couper en barres et servir avec de la crème fouettée, si désiré. Pour 10 à 12 personnes.

41. Barres de maïs soufflé aux canneberges

- Paquet de 3 oz de maïs soufflé au micro-ondes, éclaté
- 3/4 tasse de pépites de chocolat blanc
- 3/4 tasse de canneberges séchées sucrées
- 1/2 tasse de noix de coco en flocons sucrée
- 1/2 tasse d'amandes effilées, hachées grossièrement
- Paquet de 10 oz de guimauves
- 3 c. à soupe de beurre

j) Tapisser un moule à pâtisserie de 13" x 9" de papier d'aluminium; vaporiser d'un spray végétal antiadhésif et réserver. Dans un grand bol, mélanger le maïs soufflé, les pépites de chocolat, les canneberges, la noix de coco et les amandes; réserver. Dans une casserole à feu moyen, mélanger les guimauves et le beurre jusqu'à ce qu'ils soient fondus et lisses.

k) Verser sur le mélange de maïs soufflé et mélanger pour enrober complètement ; transférer rapidement dans le moule préparé.

l) Couvrir d'une feuille de papier sulfurisé et appuyer fermement. Réfrigérer pendant 30 minutes ou jusqu'à ce que les barres soient fermes. Retirer les barres du moule en utilisant le papier d'aluminium comme poignées ; retirer le papier d'aluminium et le papier sulfurisé. Couper en tranches et réfrigérer encore 30 minutes. Donne 16 barres.

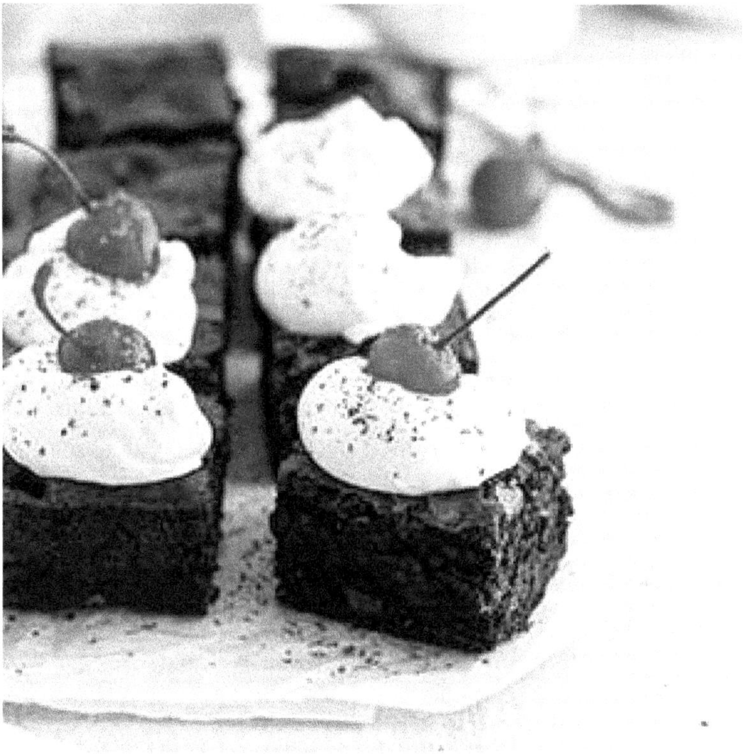

42. Barres Hello Dolly

- 1/2 tasse de margarine
- 1 tasse de chapelure de biscuits Graham
- 1 tasse de noix de coco râpée sucrée
- Paquet de 6 oz de pépites de chocolat mi-sucré
- Paquet de 6 oz de pépites de caramel au beurre
- 14 oz de lait concentré sucré en conserve
- 1 tasse de pacanes hachées

e) Mélanger la margarine et les miettes de biscuits Graham et presser le tout dans un moule à pâtisserie de 9"x9" légèrement graissé. Superposer avec de la noix de coco, des pépites de chocolat et des pépites de caramel.

f) Verser le lait concentré sur le dessus et saupoudrer de pacanes. Cuire au four à 350 degrés pendant 25 à 30 minutes. Laisser refroidir et couper en barres. Donne 12 à 16 barres.

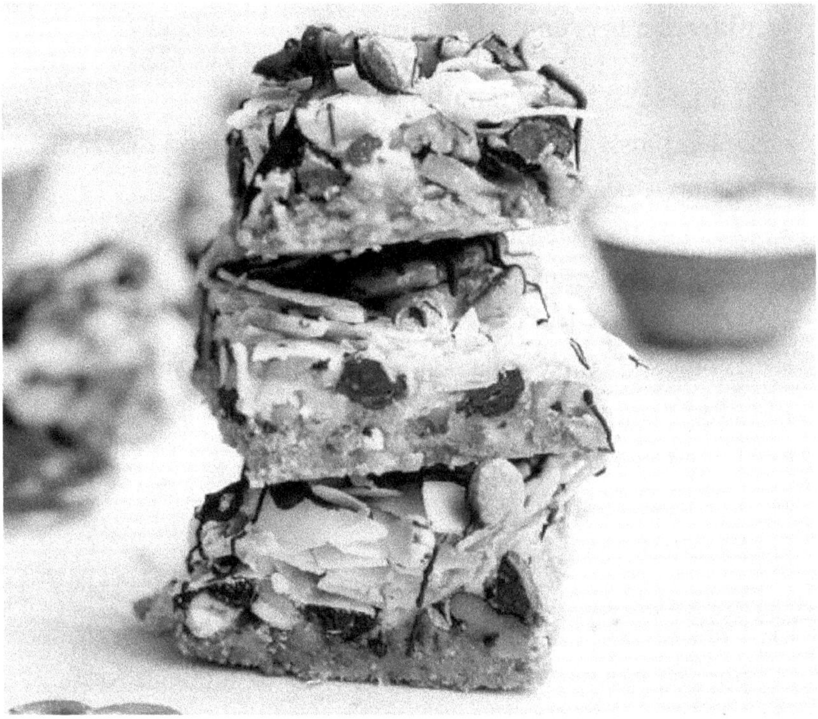

43. Barres à la crème irlandaise

- 1/2 tasse de beurre ramolli
- 3/4 c. plus 1 c. à soupe de farine tout usage, divisée
- 1/4 tasse de sucre en poudre
- 2 c. à soupe de cacao à cuisson
- 3/4 tasse de crème sure
- 1/2 tasse de sucre
- 1/3 tasse de liqueur à la crème irlandaise
- 1 œuf battu
- 1 c. à thé d'extrait de vanille
- 1/2 tasse de crème à fouetter
- Facultatif : pépites de chocolat

e) Dans un bol, mélanger le beurre, 3/4 tasse de farine, le sucre en poudre et le cacao jusqu'à ce qu'une pâte molle se forme.
f) Presser la pâte dans un moule à pâtisserie non graissé de 8"x8". Cuire au four à 350 degrés pendant 10 minutes.
g) Pendant ce temps, dans un bol séparé, fouettez ensemble le reste de farine, la crème sure, le sucre, la liqueur, l'œuf et la vanille.
h) Bien mélanger et verser sur la couche cuite. Remettre au four et cuire encore 15 à 20 minutes, jusqu'à ce que la garniture soit prise.
i) Laisser refroidir légèrement et réfrigérer au moins 2 heures avant de découper en barres. Dans un petit bol, à l'aide d'un batteur électrique à haute vitesse, battre la crème à fouetter jusqu'à ce qu'elle forme des pics fermes.
j) Servir les barres garnies de cuillerées de crème fouettée et de pépites, si désiré.
k) Conserver au réfrigérateur. Donne 2 douzaines.

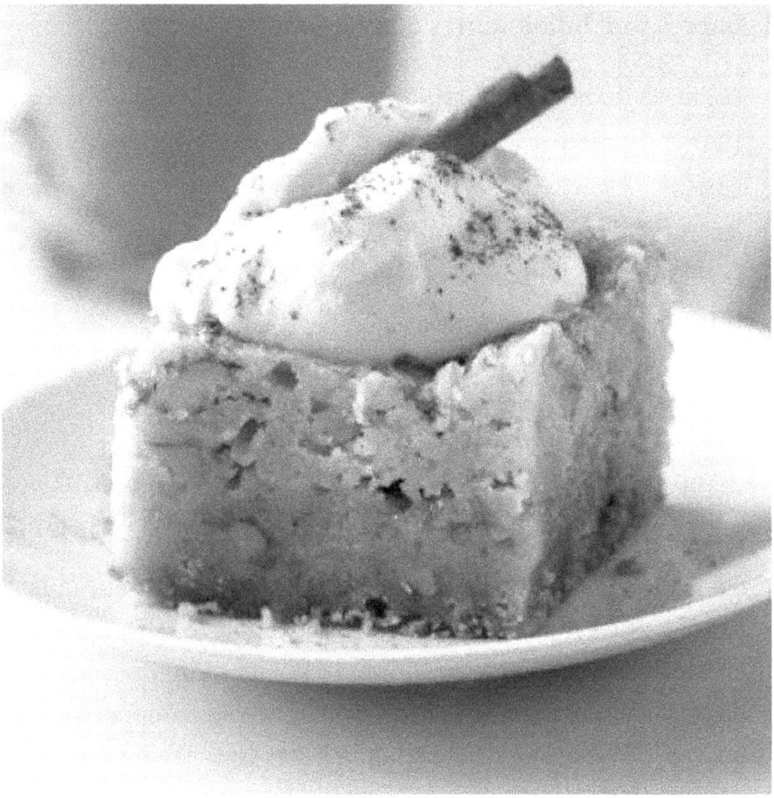

44. Barres tourbillonnantes à la banane

- 1/2 tasse de beurre ramolli
- 1 tasse de sucre
- 1 oeuf
- 1 c. à thé d'extrait de vanille
- 1-1/2 tasse de bananes écrasées
- 1-1/2 tasse de farine tout usage
- 1 c. à thé de levure chimique
- 1 c. à café de bicarbonate de soude
- 1/2 c. à thé de sel
- 1/4 c. de cacao à cuisson

e) Dans un bol, battre le beurre et le sucre, ajouter l'œuf et la vanille. Bien mélanger, incorporer les bananes. Réserver. Dans un autre bol, mélanger la farine, la levure chimique, le bicarbonate de soude et le sel, puis incorporer le mélange au beurre. Diviser la pâte en deux, ajouter le cacao à l'une des deux moitiés.

f) Versez la pâte nature dans un moule à pâtisserie graissé de 13"x9" ; versez la pâte au chocolat dessus. Tournez avec un couteau de table ; faites cuire au four à 350 degrés pendant 25 minutes.

g) Laisser refroidir et couper en barres. Donne 2,5 à 3 douzaines.

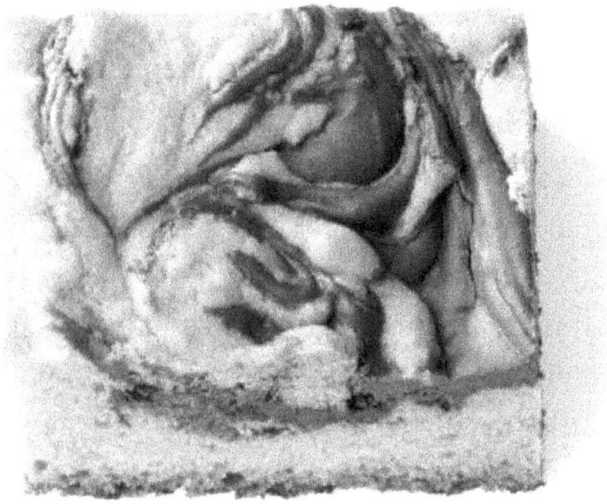

45. Barres de cheesecake à la citrouille

- Paquet de 16 oz de mélange à gâteau quatre-quarts
- 3 œufs, divisés
- 2 c. à soupe de margarine, fondue et légèrement refroidie
- 4 c. à thé d'épices pour tarte à la citrouille, divisées
- Paquet de 8 oz de fromage à la crème, ramolli
- 14 oz de lait concentré sucré en conserve
- Potiron en conserve de 15 oz
- 1/2 c. à thé de sel

e) Dans un grand bol, mélanger le mélange à gâteau sec, un œuf, la margarine et 2 cuillères à café d'épices pour tarte à la citrouille; mélanger jusqu'à obtenir une consistance friable. Presser la pâte dans un moule à gâteau roulé graissé de 15"x10". Dans un autre bol, battre le fromage à la crème jusqu'à ce qu'il soit mousseux.

f) Battre le lait concentré, la citrouille, le sel et le reste des œufs et des épices. Bien mélanger et étaler sur la croûte. Cuire au four à 350 degrés pendant 30 à 40 minutes. Laisser refroidir et réfrigérer avant de couper en barres. Donne 2 douzaines.

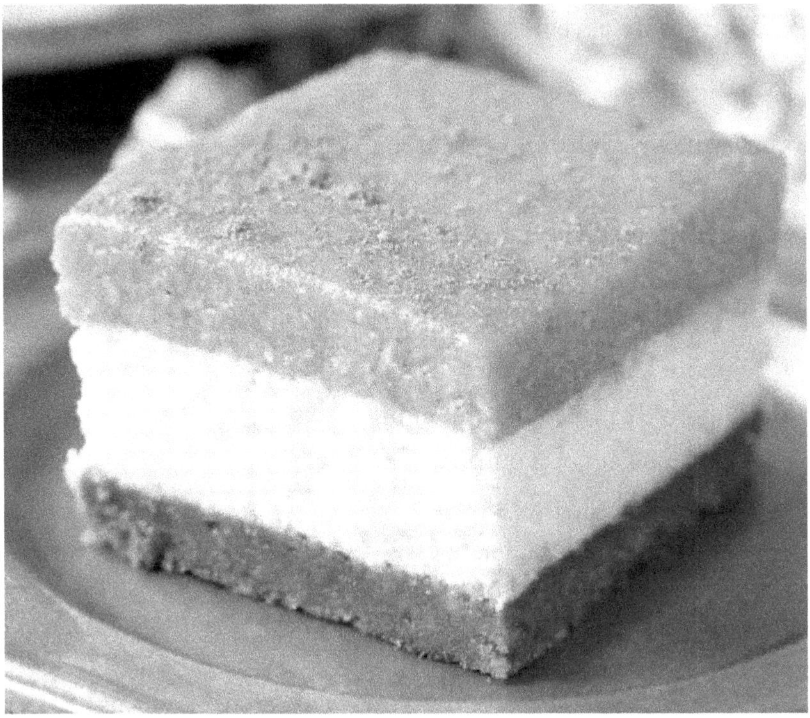

46. Barres de céréales

Ingrédients:
- Graines de citrouille, ½ tasse
- Miel, ¼ tasse
- Graines de chanvre. 2 cuillères à soupe
- Farine de noix de coco, ½ tasse
- Cannelle, 2 cuillères à café
- Poudre d'artichaut, 1 cuillère à soupe
- Poudre de protéines à la vanille, ¼ tasse
- Beurre de coco, 2 cuillères à soupe
- Baies de Goji, 1/3 tasse
- Pistaches, ½ tasse, hachées
- Sel, une pincée
- Huile de coco, 1/3 tasse
- Lait de chanvre, 1/3 tasse
- Gousse de vanille, 1
- Graines de chia, 2 cuillères à soupe Flocons de noix de coco, 1/3 tasse

Méthode:

k) Mélanger tous les ingrédients ensemble et répartir uniformément dans une terrine.
l) Mettre au réfrigérateur pendant une heure.
m) Une fois ferme et pris, coupez-le en barres de la longueur souhaitée et dégustez.

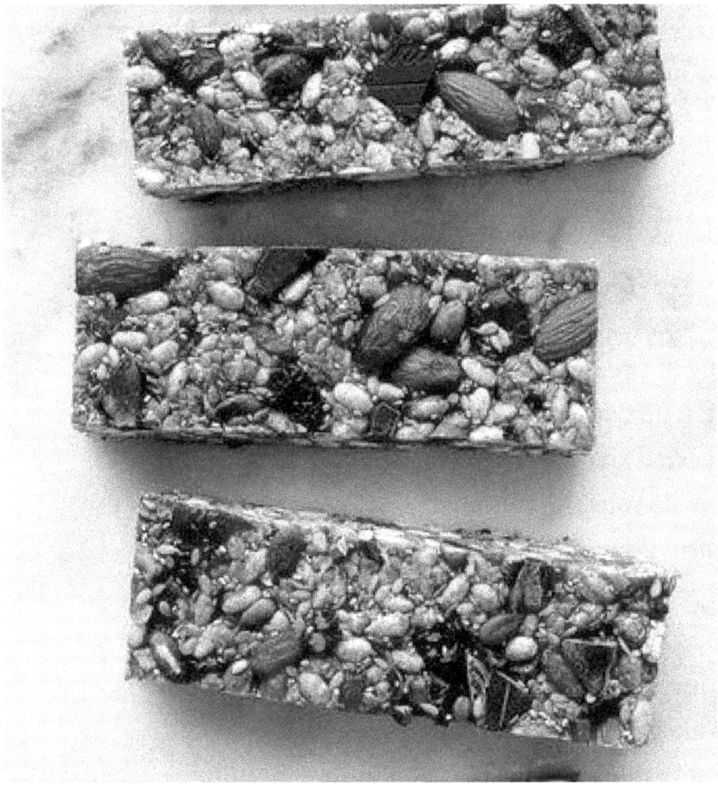

47. Carrés à l'avoine et à la citrouille à tout moment

Ingrédients:

- Œuf de lin, 1 (1 cuillère à soupe de lin moulu mélangé à 3 cuillères à soupe d'eau)
- Flocons d'avoine sans gluten, ¾ tasse
- Cannelle, 1 ½ cuillère à café
- Pacane, ½ tasse, coupée en deux
- Gingembre moulu, ½ cuillère à café
- Sucre de coco, ¾ tasse
- Poudre d'arrow-root, 1 cuillère à soupe
- Noix de muscade moulue, 1/8 cuillère à café
- Extrait de vanille pur, 1 cuillère à café
- Sel rose de l'Himalaya, ½ cuillère à café
- Purée de citrouille en conserve non sucrée, ½ tasse
- Farine d'amande, ¾ tasse
- Farine de flocons d'avoine, ¾ tasse
- Mini pépites de chocolat non laitier, 2 cuillères à soupe
- Bicarbonate de soude, ½ cuillère à café

Méthode:

e) Préchauffer le four à 350 °F.
f) Tapisser un moule carré de papier sulfurisé et réserver.
g) Mélangez l'œuf de lin dans une tasse et laissez reposer 5 minutes.
h) Battre la purée avec le sucre et ajouter l'œuf de lin et la vanille. Battre à nouveau pour mélanger.
i) Ajoutez ensuite le bicarbonate de soude, suivi de la cannelle, de la muscade, du gingembre et du sel. Battez bien.
j) Enfin, ajoutez la farine, l'avoine, l'arrow-root, les noix de pécan et la farine d'amandes et battez jusqu'à ce que le tout soit bien incorporé.

k) Transférer la pâte dans le moule préparé et garnir de pépites de chocolat.
l) Cuire au four pendant 15 à 19 minutes.
m) Laissez-le refroidir complètement avant de le retirer du moule et de le trancher.

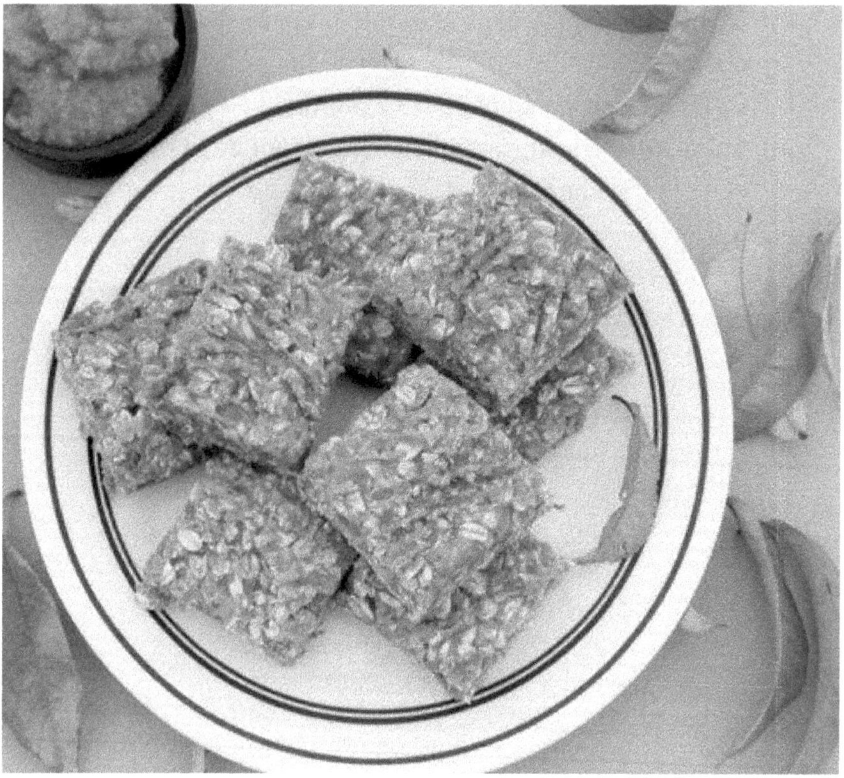

48. Barres à la citrouille et au velours rouge

Ingrédients:
- Petites betteraves cuites, 2
- Farine de noix de coco, ¼ tasse
- Beurre de graines de citrouille bio, 1 cuillère à soupe
- Lait de coco, ¼ tasse
- Lactosérum à la vanille, ½ tasse
- 85% de chocolat noir, fondu

Méthode:
g) Mélanger tous les ingrédients secs ensemble sauf le chocolat.
h) Incorporer le lait aux ingrédients secs et bien lier.
i) Façonner en barres de taille moyenne.
j) Faites fondre le chocolat au micro-ondes et laissez-le refroidir quelques secondes. Trempez ensuite chaque barre dans le chocolat fondu et enrobez-la bien.
k) Réfrigérer jusqu'à ce que le chocolat soit pris et ferme.
l) Apprécier.

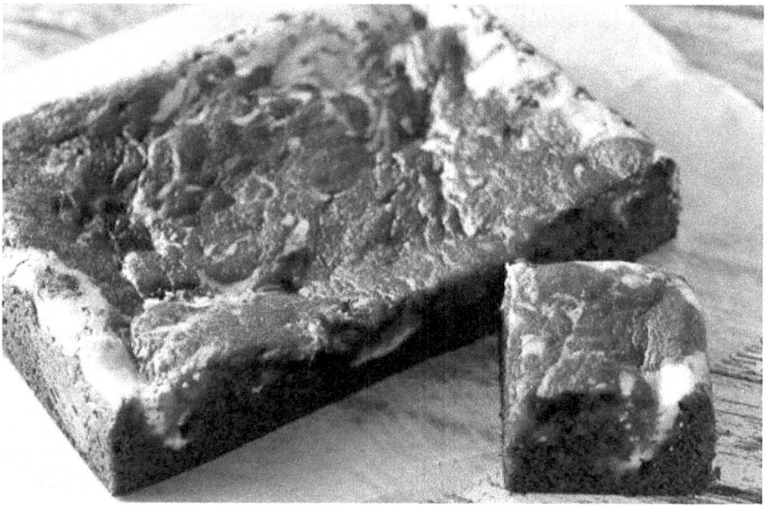

49. Barres au citron enneigées

- 3 œufs, divisés
- 1/3 tasse de beurre fondu et légèrement refroidi
- 1 c. à soupe de zeste de citron
- 3 c. à soupe de jus de citron
- Paquet de 18-1/2 oz de mélange à gâteau blanc
- 1 tasse d'amandes hachées
- Paquet de 8 oz de fromage à la crème, ramolli
- 3 tasses de sucre en poudre
- Garniture : sucre glace supplémentaire

h) Dans un grand bol, mélanger un œuf, le beurre, le zeste et le jus de citron. Incorporer le mélange à gâteau sec et les amandes en mélangeant bien. Presser la pâte dans un moule à pâtisserie graissé de 13"x9". Cuire au four à 350 degrés pendant 15 minutes ou jusqu'à ce qu'elle soit dorée. Pendant ce temps, dans un autre bol, battre le fromage à la crème jusqu'à ce qu'il soit léger et mousseux; incorporer progressivement le sucre en poudre. Ajouter les œufs restants, un à la fois, en mélangeant bien après chaque œuf.

i) Retirer la plaque du four et étaler le mélange de fromage à la crème sur la croûte chaude. Cuire au four pendant 15 à 20 minutes supplémentaires, jusqu'à ce que le centre soit pris. Laisser refroidir. Saupoudrer de sucre glace avant de couper en barres. Donne 2 douzaines.

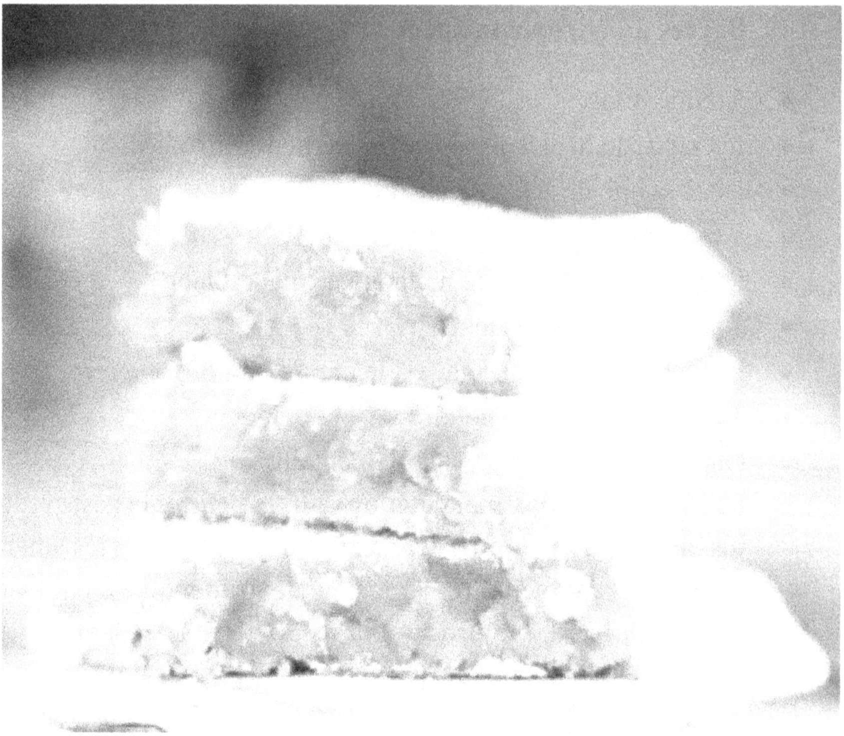

50. Barres faciles au caramel

- Paquet de 12 oz de pépites de caramel au beurre fondues
- 1 tasse de beurre ramolli
- 1/2 tasse de cassonade tassée
- 1/2 tasse de sucre
- 3 œufs battus
- 1-1/2 c. à thé d'extrait de vanille
- 2 tasses de farine tout usage

f) Dans un bol, mélanger les pépites de caramel et le beurre. Bien mélanger. Ajouter le sucre, les œufs et la vanille. Bien mélanger.
g) Incorporer graduellement la farine. Verser la pâte dans un moule à pâtisserie de 13"x9" légèrement graissé. Cuire au four à 350 degrés pendant 40 minutes.
h) Laissez refroidir et coupez en carrés. Donne 2 douzaines.

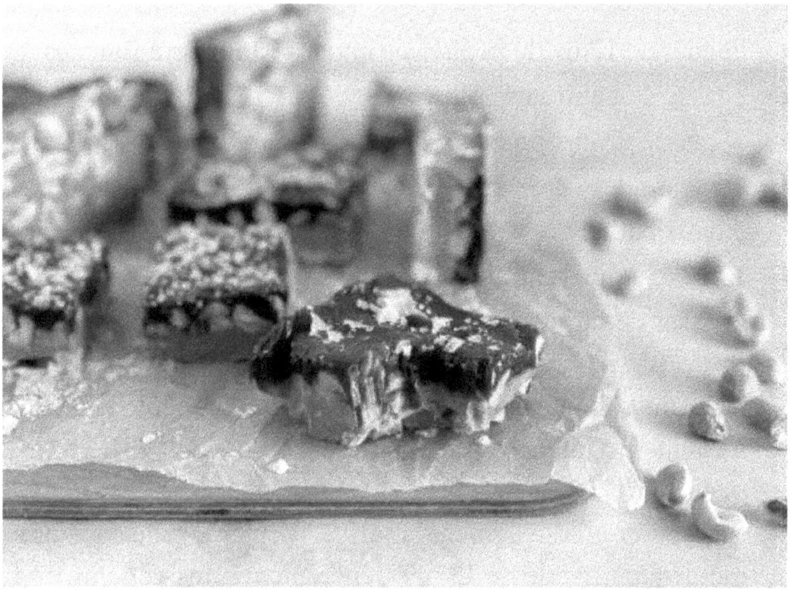

51. Barre aux cerises et aux amandes

Ingrédients:
- Poudre de protéines à la vanille, 5 cuillères
- Miel, 1 cuillère à soupe
- Batteurs à œufs, ½ tasse
- Eau, ¼ tasse
- Amandes, ¼ tasse, tranchées
- Extrait de vanille, 1 cuillère à café
- Farine d'amandes, ½ tasse
- Beurre d'amandes, 2 cuillères à soupe
- Cerises noires sucrées surgelées, 1 ½ tasse

Méthode:
a) Préchauffer le four à 350 °F.
b) Coupez les cerises en dés et décongelez-les.
c) Mélanger tous les ingrédients, y compris les cerises décongelées, et bien mélanger.
d) Transférer le mélange dans un moule à pâtisserie graissé et cuire au four pendant 12 minutes.
e) Laisser refroidir complètement avant de retirer du moule et de couper en barres.

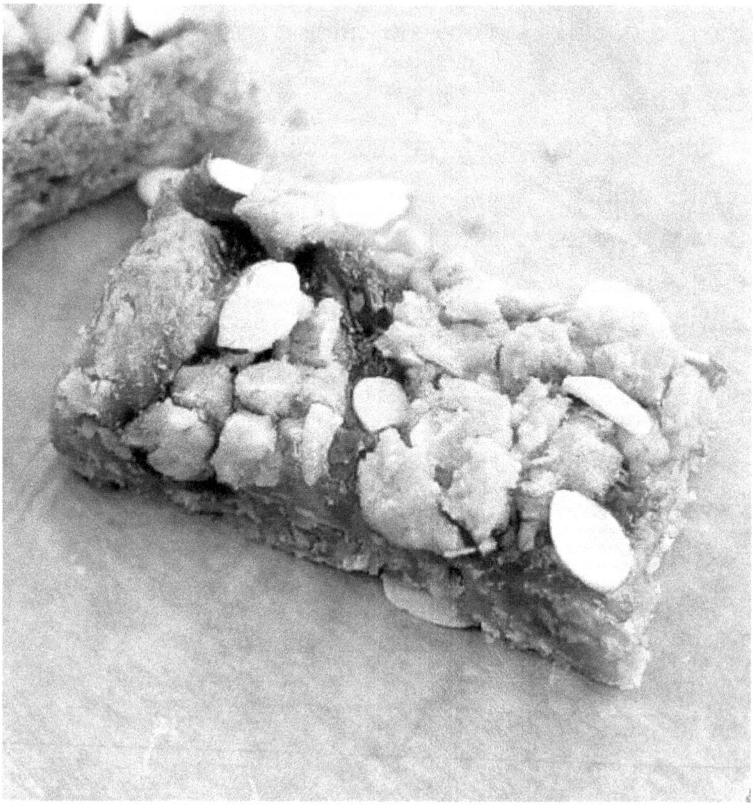

52. Barres croquantes au caramel

Ingrédients:
- 1½ tasse de flocons d'avoine
- 1½ tasse de farine
- ¾ tasse de sucre brun
- ½ cuillère à café de bicarbonate de soude
- ¼ cuillère à café de sel
- ¼ tasse de beurre fondu
- ¼ tasse de beurre fondu
  Garnitures
- ½ tasse de cassonade
- ½ tasse de sucre granulé
- ½ tasse de beurre
- ¼ tasse de farine
- 1 tasse de noix hachées
- 1 tasse de chocolat haché

Instructions:
14. Amenez la température de votre four à 350°F. Mettez les flocons d'avoine, la farine, le sel, le sucre et le bicarbonate de soude dans un bol puis mélangez bien. Ajoutez votre beurre et le beurre ordinaire et mélangez jusqu'à ce que le mélange forme des miettes.
15. Mettez de côté au moins une tasse de ces miettes pour garnir plus tard.
16. Préparez maintenant le moule en le graissant avec un spray puis mettez le mélange d'avoine sur la partie inférieure du moule.
17. Mettez-le au four et laissez cuire pendant un moment, puis retirez-le une fois qu'il est bien doré et laissez-le refroidir. Ensuite, il faut faire le caramel.
18. Pour cela, mélangez le beurre et le sucre dans une casserole à fond épais pour éviter qu'ils ne brûlent trop vite. Laissez-les bouillir après avoir ajouté la farine. Revenez à la base de flocons d'avoine, ajoutez les noix mélangées et le chocolat,

puis le caramel que vous venez de préparer, puis terminez avec les miettes supplémentaires que vous avez mises de côté.
19. Remettez-le au four et laissez cuire jusqu'à ce que les barres soient dorées, ce qui prendra environ 20 minutes.
20. Après la cuisson, laissez refroidir avant de le couper à la taille souhaitée.

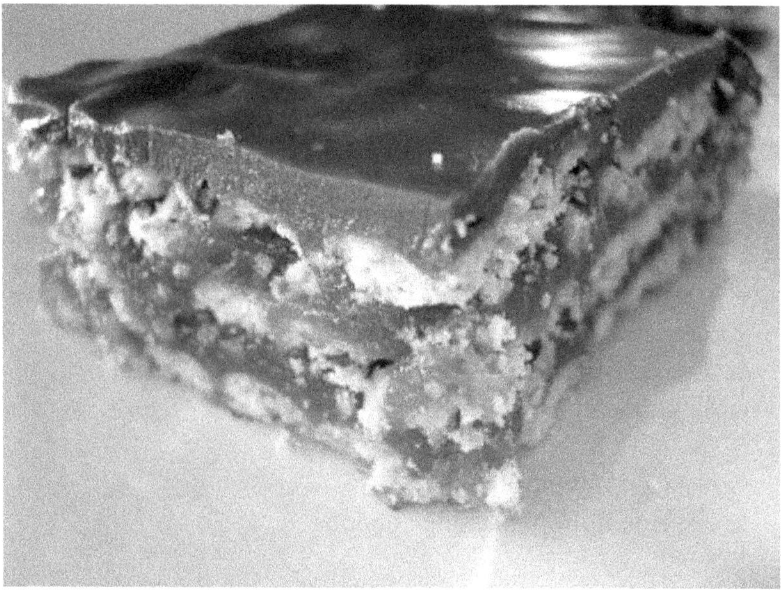

53. Barres de maïs soufflé cuites deux fois

Ingrédients:

- 8 cuillères à soupe de beurre de canne
- 6 tasses de guimauves ou de mini guimauves
- 5 cuillères à soupe de beurre de noix
- 8 tasses de maïs ou de maïs au caramel moulu
- 1 tasse de noix de pécan hachées
- 1 tasse de mini pépites de chocolat

Pour la garniture :

- ½ tasse de mini guimauves
- ½ tasse de mini pépites de chocolat

Instructions

4. Préchauffer le four à 350 degrés F.
5. Couvrez le fond d'un moule carré de 9 pouces avec du papier sulfurisé.
6. Dans une grande casserole, faites fondre le beurre. Ajoutez les guimauves et remuez jusqu'à ce qu'elles soient complètement fondues. Incorporez le beurre de cacahuètes.
7. Ajoutez le maïs et mélangez jusqu'à ce qu'il soit bien enrobé. Étalez la moitié du mélange dans le moule préparé. Avec des mains propres et humides, pressez le maïs et essayez d'obtenir des épaisseurs uniformes.
8. Saupoudrer de cacahuètes et de pépites de chocolat.
9. Pressez le reste du mélange de grains de maïs sur les cacahuètes et le chocolat.
10. Saupoudrez avec le reste des guimauves et des pépites de chocolat et placez au four pendant 5 à 7 minutes.
11. Laisser refroidir puis mettre au réfrigérateur avant de couper.

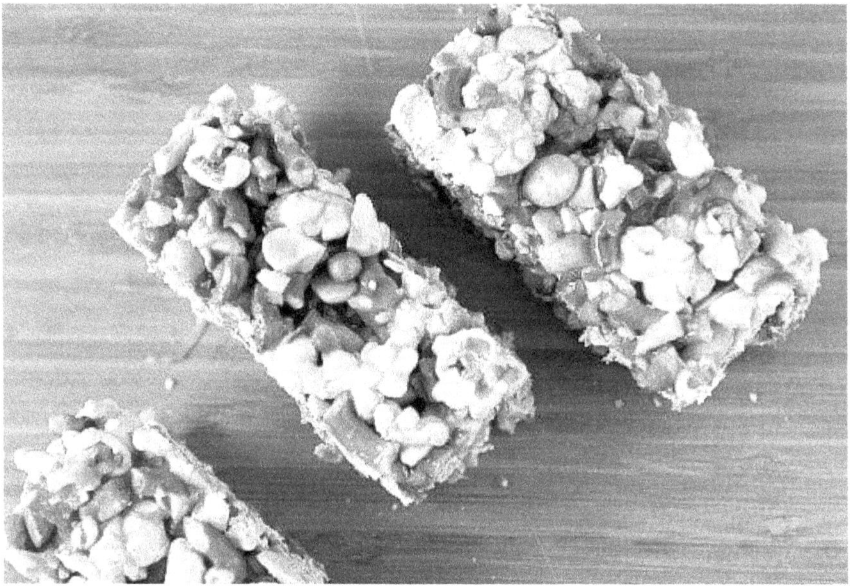

54. Barres de biscuits sans cuisson
Ingrédients:

- 1/2 tasse de beurre fondu
- 1 ½ tasse de chapelure de biscuits Graham
- Une livre de sucre infectieux (3 à 3 1/2 tasses)
- 1 ½ tasse de beurre de noix
- 1/2 tasse de beurre fondu
- 1 (12 onces) sac de pépites de chocolat au lait

Instructions:
6. Mélangez les miettes de biscuits Graham, le sucre et le beurre de cacahuète.
7. Incorporez le beurre de cannabis fondu jusqu'à ce que le tout soit bien mélangé.
8. Pressez le mélange uniformément dans un moule de 9 x 13 pouces.
9. Faites fondre les pépites de chocolat au micro-ondes ou au bain-marie.
10. Étaler le mélange de beurre de noix.
11. Laissez refroidir jusqu'à ce que le mélange soit bien ferme et coupez-le en barres. (Celles-ci sont très difficiles à couper si le chocolat devient « dur comme de la pierre »).

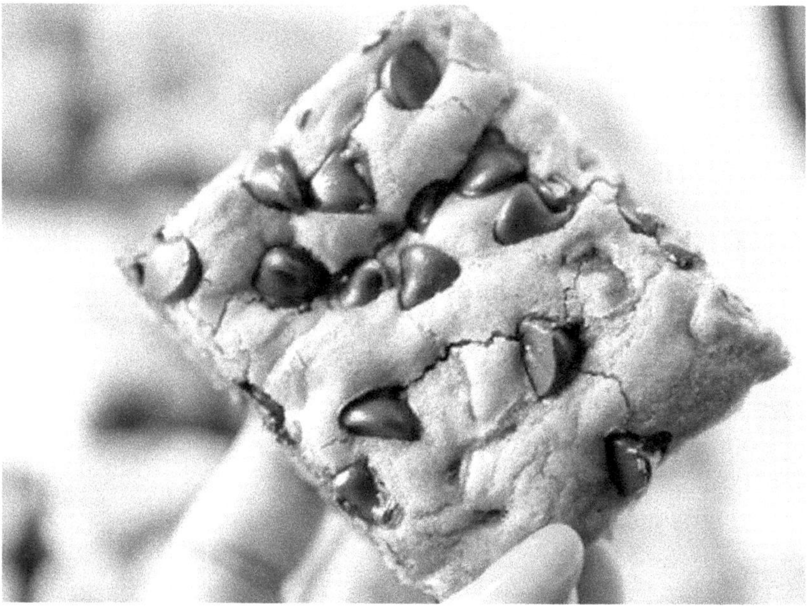

55. Barres aux amandes et au citron

Rendement : 32 barres au citron

Ingrédients:

- 1/4 tasse de sucre granulé
- 3/4 tasse de beurre infusé au cannabis (adouci)
- 1 cuillère à café de zeste de citron
- 2 tasses de farine tout usage
- 1/4 cuillère à café de sel de table

Pour la pâte à tartiner au citron :

- 6 gros œufs
- 2 tasses de sucre
- 1/4 tasse de gingembre cristallisé haché
- 1/2 tasse de farine tout usage
- 1 cuillère à café de levure chimique
- 2 tables de zeste de citron
- 2/3 tasse de jus de citron frais

Pour le mélange d'amandes :

- 3/4 tasse de farine
- 1/2 tasse de sucre
- 1/4 cuillère à café de sel
- 1/4 tasse de beurre (fondu)
- 1/2 tasse d'amandes effilées
- Garnitures facultatives : un peu de sucre en poudre, de la crème fouettée, etc.

Instructions:

Pour la croûte de la barre au citron :

6. Préchauffez votre four à 350 degrés F.
7. À l'aide d'un batteur électrique sur pied ou à main, battez 1/4 tasse de sucre, 3/4 tasse de beurre ramolli et 1 cuillère à café de

zeste de citron à vitesse moyenne pendant 2 minutes ou jusqu'à ce que le mélange soit crémeux.
8. Dans un grand bol séparé, mélangez 2 tasses de farine et 1/4 cuillère à café de sel. Ajoutez progressivement les ingrédients secs (farine et sel) au beurre crémeux, au sucre et aux œufs. Mélangez bien jusqu'à ce que tout soit bien mélangé.
9. Une fois la pâte bien mélangée, préparez un plat de cuisson de 9 x 13 pouces avec un peu de spray de cuisson antiadhésif. Placez le plat vide et graissé au réfrigérateur pour le refroidir pendant au moins 15 minutes avant la cuisson.
10. Retirez le plat du réfrigérateur et pressez la pâte dans le moule jusqu'à ce que vous créiez une couche uniforme. (Ne manquez pas les coins !)
11. Faites cuire la croûte pendant 15 à 20 minutes dans votre four préchauffé ou jusqu'à ce qu'elle soit légèrement dorée.
12. Retirez la croûte du four et réduisez la température du four à 325 degrés F.
13. Laissez la croûte reposer de côté pour le moment.

Pour la pâte à barre au citron :

9. Fouetter ensemble les 6 œufs et 2 tasses de sucre.
10. Dans un robot culinaire ou un mixeur, versez la 1/2 tasse de farine avec le 1/4 tasse de gingembre confit. Mélangez les deux ingrédients jusqu'à ce qu'ils soient complètement combinés. Versez ensuite le mélange de farine et de gingembre dans un bol de taille moyenne.
11. Incorporez 1 cuillère à café de levure chimique au mélange de farine et de gingembre.
12. Ajoutez lentement les lots de farine et de gingembre mélangés au bol contenant les œufs et le sucre.
13. Incorporez le jus de citron et 2 cuillères à soupe de zeste de citron jusqu'à ce que le mélange soit complètement homogène et lisse.
14. Versez la pâte au citron sur la croûte refroidie, en remuant et en secouant le plat pour permettre aux bulles d'air de s'échapper.

15. Faites cuire les barres au citron dans votre four préchauffé pendant 15 à 20 minutes ou jusqu'à ce que la garniture au citron ait à peine pris.
16. Retirez les barres au citron du four et placez-les de côté pour le moment.

Pour le mélange d'amandes effilées :

4. Mélangez les 3/4 tasse de farine restante, 1/2 tasse de sucre et 1/4 cuillère à café de sel dans un petit bol.
5. Versez 1/4 tasse de beurre fondu et remuez les ingrédients jusqu'à ce qu'ils soient bien mélangés.
6. Ajoutez la 1/2 tasse d'amandes effilées et remuez encore une fois.
7. Saupoudrez le mélange d'amandes et de sucre sur les barres de citron chaudes, puis remettez les barres de citron au four pendant 20 à 25 minutes supplémentaires ou jusqu'à ce qu'elles soient légèrement dorées.
8. Retirez les barres au citron du four et laissez-les refroidir dans le plat de cuisson sur une grille de refroidissement pendant au moins 1 heure.
9. Coupez vos barres au citron en rondelles individuelles et servez immédiatement avec une pincée de sucre en poudre, si vous le souhaitez.

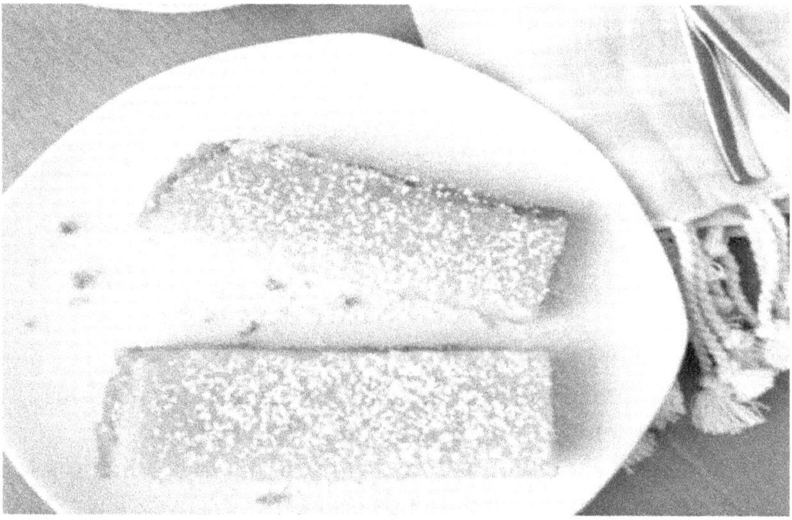

56. Barre de chocolat

Ingrédients:

- 1/4 tasse de beurre
- 4 tasses de chocolat

Instructions:

6. Faites fondre le chocolat dans un bol propre et sec placé au-dessus d'une casserole d'eau à peine frémissante. Si vous souhaitez tempérer le chocolat, ajoutez votre beurre.
7. Une fois le chocolat fondu (et tempéré, si vous tempérez le chocolat), retirez le bol de la casserole et essuyez l'humidité du fond du bol.
8. Versez ou déposez à la cuillère une couche de chocolat dans vos moules. Tapez-les sur le comptoir à plusieurs reprises pour répartir le chocolat uniformément et libérer les bulles d'air ; puis, en travaillant rapidement, garnissez-les de toutes sortes de noix, de fruits secs ou d'autres ingrédients que vous souhaitez et appuyez légèrement dessus.
9. Vous pouvez également mélanger des ingrédients dans le chocolat, tels que des noix grillées, des graines, du riz croustillant, des guimauves hachées ou d'autres ingrédients, puis verser le mélange dans les moules.)
10. Placez immédiatement les barres au réfrigérateur jusqu'à ce qu'elles soient fermes. Si vous utilisez du chocolat tempéré, il ne faudra pas plus de cinq minutes pour qu'elles durcissent. Sinon, le chocolat mettra plus de temps à durcir.

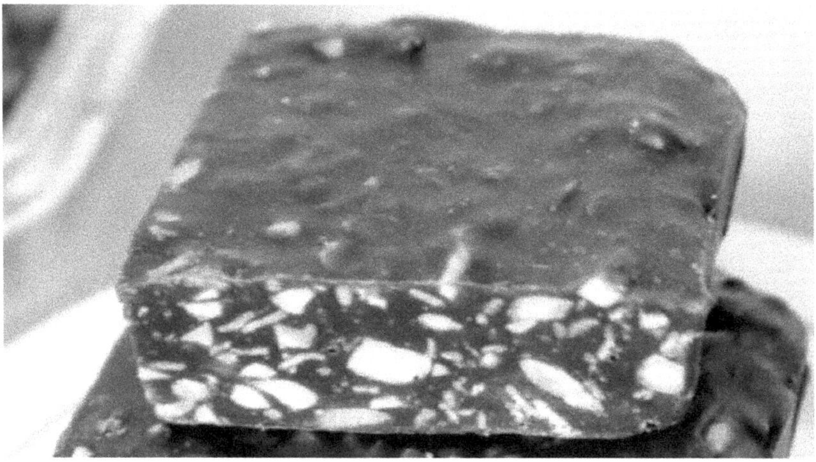

57. Barres à l'avoine

Temps de préparation : 15 minutes
Temps de cuisson : 25-30 minutes
Portions : 14-16
Ingrédients:
- 1¼ tasse de flocons d'avoine à l'ancienne
- 1¼ tasse de farine tout usage
- ½ tasse de noix grillées finement hachées (voir note)
- ½ tasse de sucre
- ½ cuillère à café de bicarbonate de soude
- ¼ cuillère à café de sel
- 1 tasse de beurre fondu
- 2 cuillères à café de vanille
- 1 tasse de confiture de bonne qualité
- 4 biscuits Graham entiers (8 carrés), écrasés
- Crème fouettée, pour servir (facultatif)

Instructions:
4. Préchauffer le four à 350°F. Graisser un moule carré de 9 pouces. Dans un bol, mettre et mélanger les flocons d'avoine, la farine, les noix, le sucre, le bicarbonate de soude et le sel. Dans un petit bol, mélanger le beurre et la vanille. Ajouter le mélange de beurre au mélange d'avoine et mélanger jusqu'à obtenir une consistance friable.
5. Réservez 1 tasse pour la garniture et pressez le reste du mélange d'avoine au fond du moule. Étalez la confiture uniformément sur le dessus. Ajoutez les craquelins écrasés au mélange d'avoine réservé et saupoudrez de confiture. Faites cuire au four pendant environ 25 à 30 minutes, ou jusqu'à ce que les bords soient dorés. Laissez refroidir complètement dans le moule sur une grille.
6. Couper en 16 carrés. Servir en ajoutant une cuillerée de crème fouettée si désiré.
7. Le conserver dans un récipient en verre au réfrigérateur aidera à le conserver.

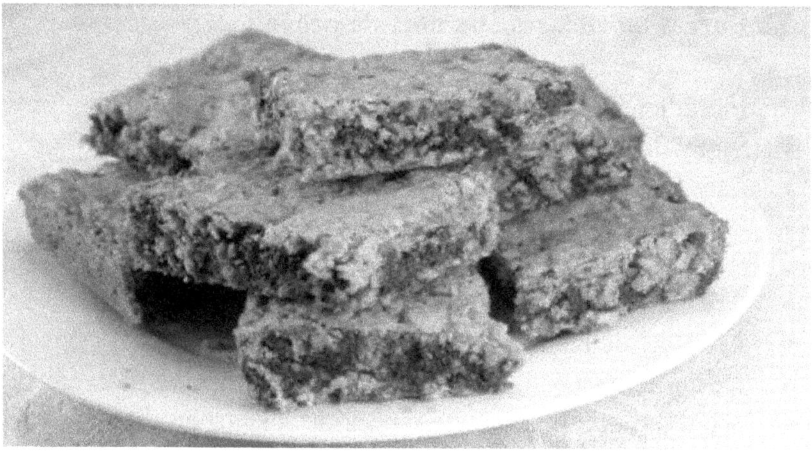

58. Barres moelleuses aux noix de pécan

Ingrédients:
- Spray de cuisson antiadhésif
- 2 tasses et plus
- 2 cuillères à soupe de farine tout usage, divisées
- ½ tasse de sucre granulé
- 2 cuillères à soupe plus
- 2 c. à thé de beurre
- 3½ cuillères à café de beurre non salé, coupé en morceaux
- ¾ cuillère à café plus une pincée de sel casher, divisée
- ¾ tasse de sucre brun foncé tassé
- 4 gros œufs
- 2 cuillères à café d'extrait de vanille
- 1 tasse de sirop de maïs léger
- 2 tasses de pacanes hachées
- Noix de pécan coupées en deux

Instructions:

11. Préchauffer le four à 175 °C (340 °F). Graisser le moule à l'aide d'un enduit antiadhésif et le recouvrir de papier sulfurisé avec un surplomb sur deux côtés pour pouvoir facilement soulever les barres du moule.
12. À l'aide d'un mixeur ou d'un robot culinaire, mélangez la farine, le sucre, les différentes sortes de beurre et ¾ de cuillère à café de sel jusqu'à ce que le tout soit bien mélangé. Le mélange formera des grumeaux.
13. Transférer la pâte dans le moule préparé. Presser fermement et uniformément sur le fond du moule. Percer la croûte de tous les côtés avec une fourchette et cuire au four jusqu'à ce qu'elle soit légèrement ou moyennement dorée, 30 à 35 minutes.

14. Dans le même bol du robot culinaire, mélangez la cassonade, les 2 cuillères à soupe de farine restantes, la pincée de sel, les œufs, la vanille et le sirop de maïs. (Ajoutez le sirop de maïs en dernier, pour qu'il ne colle pas au fond du robot culinaire.)
15. Mélangez jusqu'à ce que le mélange soit bien homogène. Versez le mélange dans un grand bol et ajoutez les pacanes.
16. Répartir uniformément le mélange de noix de pécan sur la croûte cuite. Placer quelques moitiés de noix de pécan supplémentaires sur le dessus de la garniture en guise de décoration.
17. Remettez le moule au four et laissez cuire jusqu'à ce que le centre soit juste pris, 35 à 40 minutes. Si l'intérieur bouge encore, laissez cuire encore quelques minutes ; si vous remarquez que les barres commencent à gonfler au centre, retirez-les immédiatement. Placez-les sur une grille et laissez-les refroidir avant de les couper en 16 carrés (2 pouces) et de les retirer.
18. Conservation : Conservez les barres dans un récipient hermétique à température ambiante pendant 3 à 5 jours ou congelez-les jusqu'à 6 mois. Elles peuvent être très collantes, alors enveloppez-les dans du papier sulfurisé ou du papier ciré.

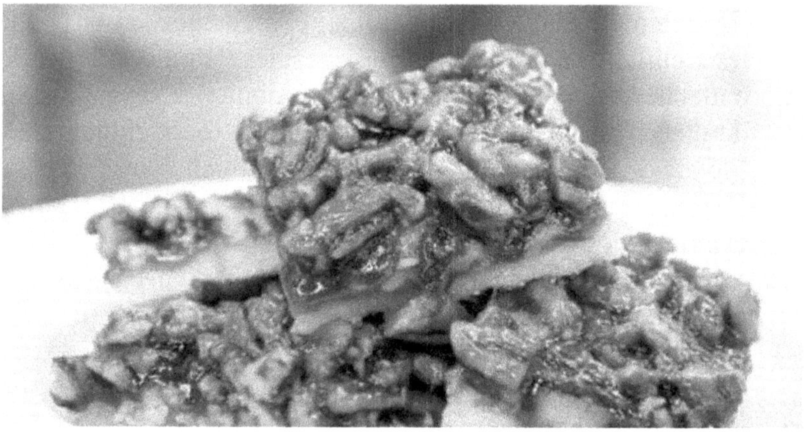

CONCLUSION

Les meilleures barres de desserts ont généralement des couches de saveurs et sont disponibles dans de nombreuses variantes, les possibilités sont infinies, voyez ce que vous pouvez créer !

Les barres de desserts sont également un très joli cadeau de Noël ou tout autre cadeau pour une occasion spéciale pour les amis et la famille. Qui ne voudrait pas recevoir un paquet joliment décoré rempli de barres de desserts faites maison ? Cela pourrait être l'un des meilleurs cadeaux de tous les temps ! Elles ont une durée de conservation assez longue et peuvent être cuites quelques jours à l'avance. Elles peuvent également être conservées au congélateur si elles sont bien emballées dans une pellicule plastique.

Avec ce livre de recettes, vous donnerez certainement envie à vos invités de revenir pour un autre carré à déguster !

Milton Keynes UK
Ingram Content Group UK Ltd.
UKHW030744121124
451094UK00013B/990